2.-5. Schuljahr

Gabriela Rosenwald

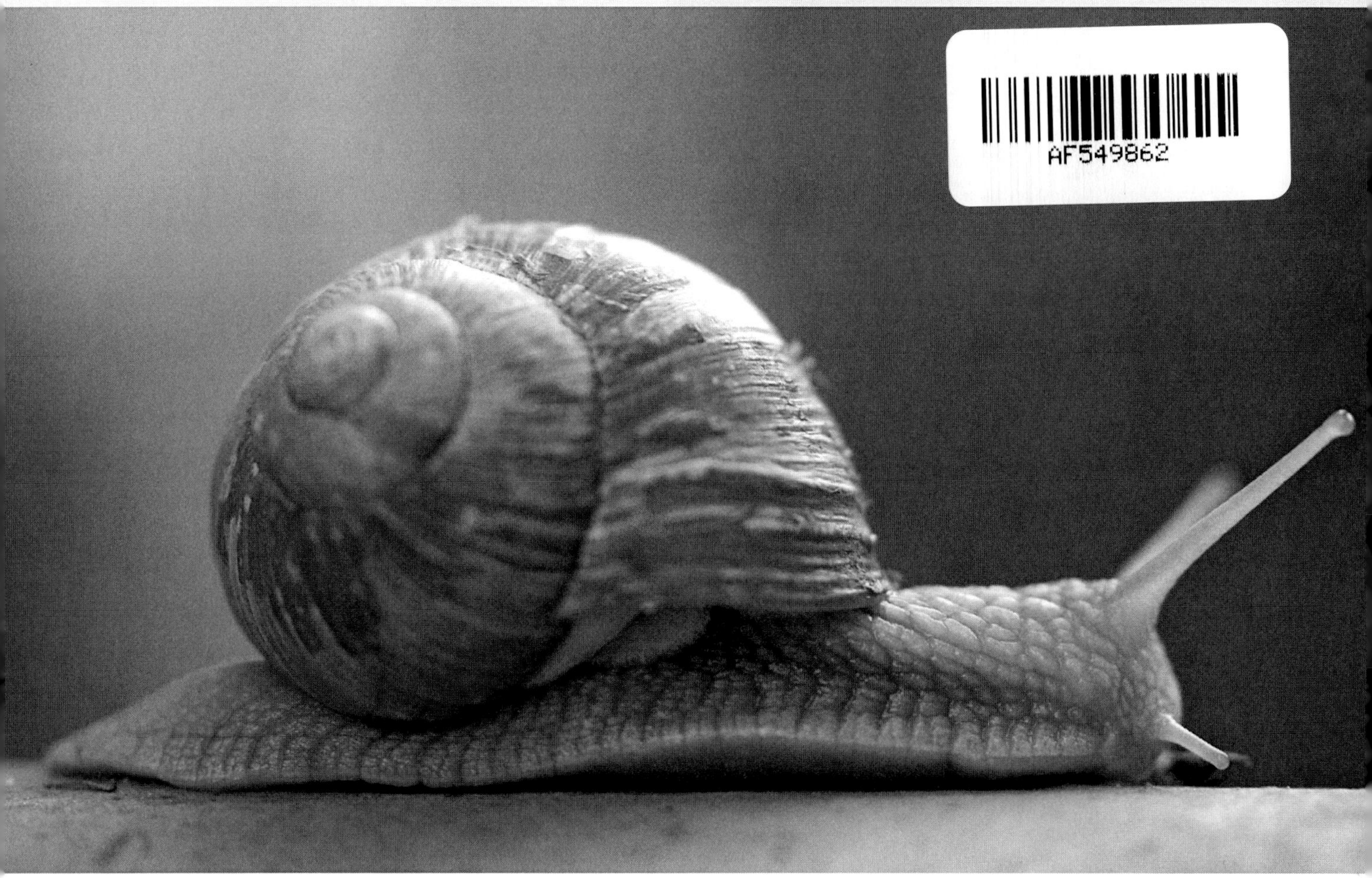

Lernwerkstatt Schnecken

Was kriecht denn da?

Von der Nackt- bis zur Weinbergschnecke

www.kohlverlag.de

Lernwerkstatt Schnecken
Was kriecht denn da?

11. Auflage 2024

Inhalt: Gabriela Rosenwald
Umschlagbild: © RRF - fotolia.com
Redaktion: Kohl-Verlag
Grafik & Satz: Kohl-Verlag
Druck: farbo prepress GmbH, Köln

Bestell-Nr. 11 515

ISBN: 978-3-95513-838-7

Weitere Bildquellen: *Seite 6 (oben) © Wilson44691 - wikipedia.org; (u. links) © Polarlys - wikipedia.org; (u. rechts) © Mussklprozz - wikipedia.org; Seite 7 © 4028mdk09 - wikipedia.org; Seite 11 © Mussklprozz - wikipedia.org; Seite 12 © UMIT; Seite 13 (Mitte) © Prill Mediendesign - fotolia.com; (unten) © Arpad Nary-Bagoly - fotolia.com; Seite 14 © typomaniac - fotolia.com; Seite 16 © Mussklprozz - wikipedia.org; Seite 19 © Janek Pfeifer - wikipedia.org; Seite 23 (oben) © Mussklprozz - wikipedia.org; (u. links) © Klaus Eppele - Fotolia.com; (u. rechts) © Jiri Hera - Fotolia.com; Seite 25 (oben) © clipart.com; Seite 26 © Mussklprozz - wikipedia.org; Seite 41 © clipart.com; Seite 42 © clipart.com*

Inhalt

Seite

Vorwort 4

Arbeitspass 5

I. Allgemeines über Schnecken 6

II. Dort leben unsere Schnecken in der Natur 7 - 10
- *Ein Schnecken-Terrarium einrichten*
- *Schnecken beobachten*

III. Die Körperteile der Gehäuseschnecke 11

IV. Das Schneckenhaus 12

V. So bewegt sich die Schnecke 13 - 15
- *Versuchsprotokoll*
- *Schnecken-Mathematik*

VI. Das fressen Schnecken 16 - 17

VII. So vermehren sich die Schnecken 18 - 19
- *Vater und Mutter zugleich*

VIII. Alter und Feinde 20 - 21

IX. Schnecken sind auch nützlich 22

X. Verschiedene Schnecken 23 - 33
- *Die Schnirkelschnecken*
- *Die kleine Schnecke Sophie*
- *Die Weinbergschnecken*
- *Verschiedene Nacktschnecken*
- *Nacktschnecken-Kreuzworträtsel*

XI. Mein Schneckenbuch 34 - 36

XII. Aufgaben zu den Schnecken 37 - 41
- *Schneckengedichte und Schneckenreimwörter*
- *So ein Quatsch! Oder doch nicht?*
- *Schnecken-Quiz*
- *Eine Schneckengesellschaft basteln*

XIII. Das Schnecken-Spiel 42 - 43

XIV. Schneckengesellschaft aus Knetgummi 44

XV. Die Lösungen 45 - 48

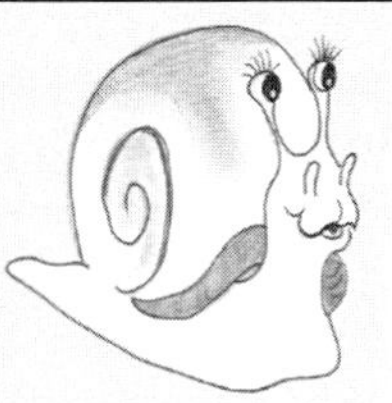

Vorwort

Liebe Kolleginnen und Kollegen,

die Schnecken-Werkstatt ist für Schüler/innen sehr interessant, da sie die Tiere, über die sie etwas lernen sollen, tatsächlich wahrnehmen und sich mit ihnen beschäftigen können. So gewinnen sie einen umfassenden Einblick in das Leben dieser Tierart. Sie lernen darüber hinaus, Verantwortung für die Schnecken zu übernehmen und erfahren fast „nebenbei" viel Wissenswertes.

Warum gerade Schnecken?

- Schnecken sind allen Kindern bekannt.
- Man findet sie überall, und eine artgerechte Haltung ist nicht schwierig.
- Schnecken bewegen sich langsam und sind daher gut zu „erforschen".
- Es können viele Versuche durchgeführt und protokolliert werden.
- Gehäuseschnecken können am Häuschen angefasst werden und sind daher nicht eklig.

Die Schüler können beobachten und entdecken, es gibt aber auch Arbeitsblätter, die zum Schreiben, Rätseln, Malen, Lesen und Dichten auffordern.

Ein Arbeitspass verschafft Schülern und Lehrern einen Überblick über den Lernstand.

Frohes Lernen und viel Spaß mit den kleinen Mitbewohnern wünschen Ihnen der Kohl-Verlag und

Gabriela Rosenwald

Bedeutung der Symbole:

Einzelarbeit

Partnerarbeit

Arbeiten in kleinen Gruppen

Arbeiten mit der ganzen Gruppe

Arbeitspass

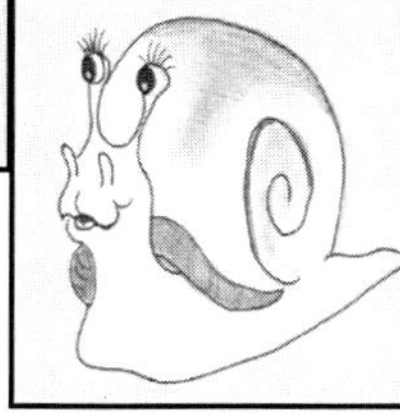

Name: ______________________________ Klasse: ____________

Seite	Titel	begonnen	erledigt

I. Allgemeines über Schnecken

Auf der ganzen Welt gibt es über 100.000 Schneckenarten. Schnecken sind sehr alt. Das wissen wir, weil sich ihre Gehäuse gut als Fossilien erhalten haben.
Die Ur-Ur-Ur...-Großeltern der heutigen Schnecken lebten schon vor mehr als 500.000 Jahren in den Meeren des Erdaltertums. Heute noch gibt es Land- und Wasserschnecken.

Unsere kleinste Landschnecke ist die Punktschnecke, ihr Haus ist mit gut einem Millimeter Durchmesser schon ausgewachsen. Die größte bei uns vorkommende Gehäuseschnecke ist die Weinbergschnecke. Ihr Haus wird mehr als 5 cm groß. Sie gehört zur Familie der Schnirkelschnecken.

Nacktschnecken und Gehäuseschnecken

Wir unterscheiden Nacktschnecken und Schnecken, die ihr Haus gleich bei sich tragen, die Gehäuseschnecken. Alle Schnecken gehören zu den Weichtieren. Sie haben keine Knochen. Ihr weicher Körper ist durch eine ledrige Haut geschützt. Das Gehäuse dient zum Schutz vor Kälte, Trockenheit und Feinden. Der Schneckenkopf hat zwei Paar Fühler. Auf den längeren Fühlern sitzen die Augen, die kürzeren Fühler dienen zum Riechen und Tasten.

Die kleinste Schnecke ist eine Meeresschnecke. Sie wird nur einen Millimeter groß. Die größte Schnecke ist der Ritterhelm, eine Meeresschnecke, die vor den Küsten Australiens lebt. Sie wird bis zu 65 cm lang.

Aufgabe 1: *Wer unter euch würde sich zutrauen, eine Schnecke in die Hand zu nehmen? Nur Gehäuseschnecken – oder auch Nacktschnecken? Startet eine Umfrage in eurer Umgebung.*

Lernwerkstatt SCHNECKEN
Was kriecht denn da? – Bestell-Nr. 11 515
KOHL VERLAG

II. Dort leben unsere Schnecken in der Natur

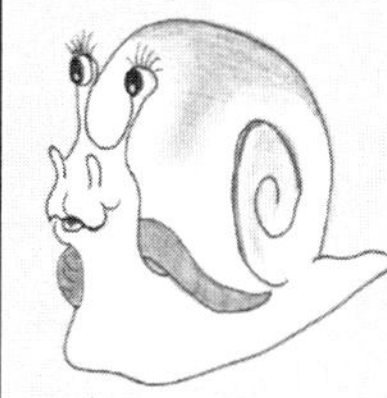

Schnecken versuchen die Sonne zu meiden. Sie würde ihren feuchten Körper austrocknen. Deshalb sind Schnecken in der Nacht unterwegs. Man nennt sie auch nachtaktiv. Bei Regenwetter findest du auch tagsüber Schnecken.

Schnecken verschwinden im Herbst und tauchen im Frühjahr wieder auf. Aber wo halten sie sich bloß im Winter auf?

Nacktschnecken verkriechen sich im frostfreien Boden. Das können sie ohne ein störendes Haus besonders gut. Die Gehäuseschnecke sucht sich ein sicheres Plätzchen. Sie verschließt ihr Häuschen mit einem Kalkdeckel. In einer Winterstarre übersteht sie so den kalten Winter.

EA

Aufgabe 1: a) *Berichte mit deinen Worten, wo eine Schnecke sich wohlfühlt.*
b) *Erzähle, wie sie den Winter verbringt.*

EA

Aufgabe 2: *Im Text oben sind einige lange, zusammengesetzte Wörter. Schreibe sie in die Tabelle und trenne sie in ihre Silbenbestandteile.*

Zusammengesetzter Begriff	Silbenbestandteile

EA

Aufgabe 3: *Bilde weitere zusammengesetzte Namenwörter (Nomen). Schreibe sie auf die Blattrückseite oder in dein Heft.*

Wasser-
Garten-
Schnirkel-
Salat-
Weg-
Weinberg-
-schnecke

Schnecken-
-haus
-tempo
-gehäuse
-post
-spur
-gang

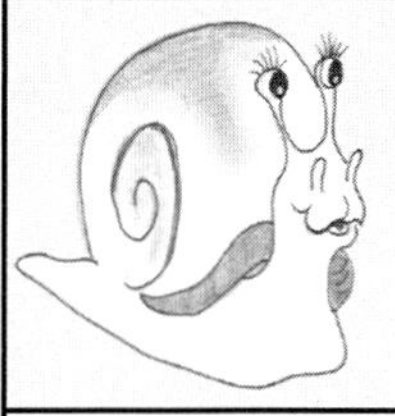

II. Dort leben unsere Schnecken in der Natur

EA

Aufgabe 4: *In der ersten Schnecke findest du 5 Orte, wo Schnecken leben. Notiere sie.*

EA

Aufgabe 5: *In der zweiten Schnecke findest du, was die Schnecken machen. Notiere auch diese Wörter.*

EA

Aufgabe 6: *Bilde nun mit den Wörtern 5 Sätze.*

- ____________________
- ____________________
- ____________________
- ____________________
- ____________________

II. Dort leben unsere Schnecken in der Natur

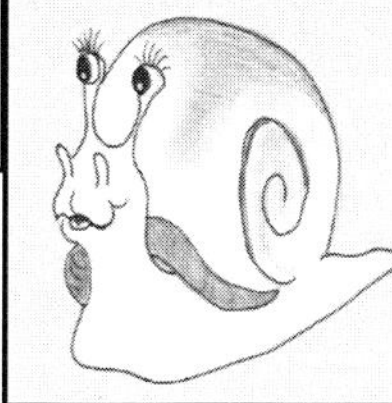

Aufgabe 7: *Ein Schneckenheim einrichten.*

a) Richtet ein Terrarium oder Aquarium für Schnecken ein. Es sollten etwa 5 cm Erde am Boden sein. Darauf kommen Gras, Löwenzahnblätter und ein paar Kletterzweige. Ein Marmeladendeckel dient als Wassernapf.

b) Wenn das Zuhause für die Schnecken vorbereitet ist, könnt ihr Schnirkelschnecken sammeln. Meist findet ihr sie an schattigen und feuchten Orten. Wenn ihr sie in eurem Terrarium untergebracht habt, spannt ihr ein Fliegengitter darüber.

c) Das Terrarium wird jeden Tag ein wenig befeuchtet, und die Schnecken müssen mit Gemüse, Obst oder Löwenzahn gefüttert werden. Da die Schnecken auch Kalk brauchen, solltet ihr noch für ein paar Eierschalen sorgen.

d) Täglich solltet ihr welke Blätter entfernen und frisches Trinkwasser hinstellen.

e) Malt auf, wie ihr euer Terrarium eingerichtet habt!

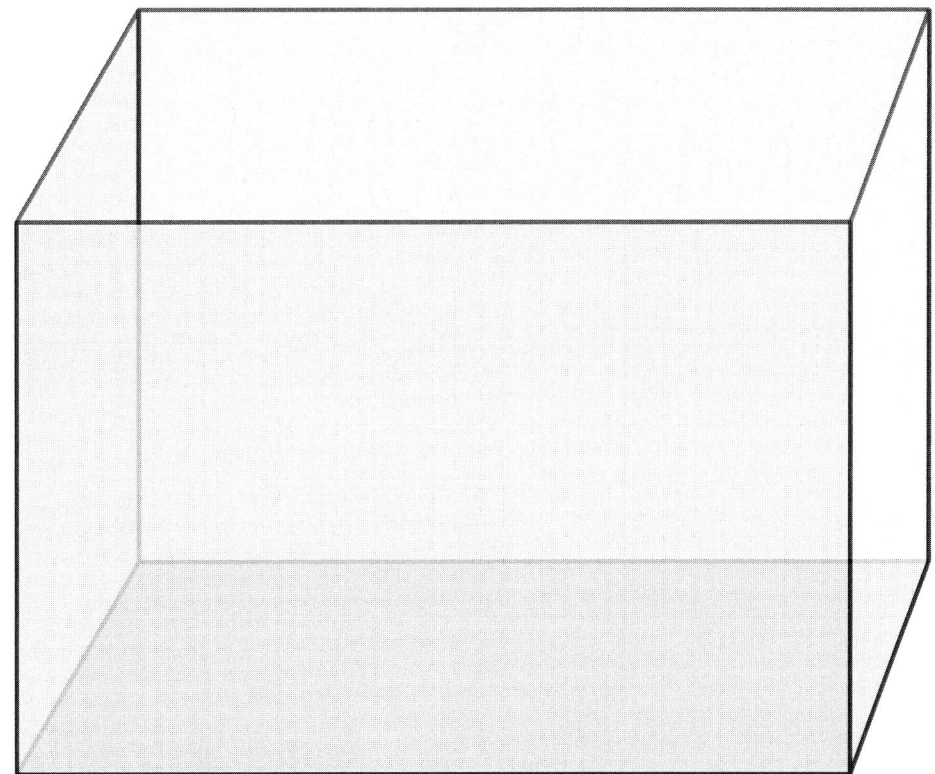

f) Nachdem ihr euer Schneckenprojekt abgeschlossen habt, solltet ihr die Tiere wieder dorthin zurückbringen, wo ihr sie gefunden habt!

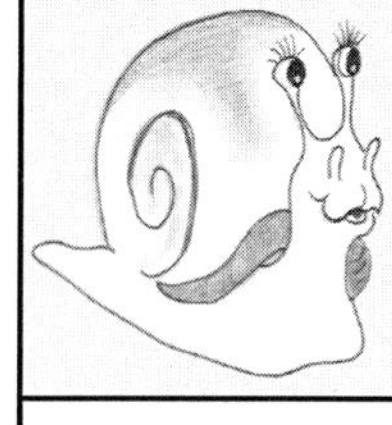

II. Dort leben unsere Schnecken in der Natur

PA

Aufgabe 8: *Wie sehen eure Schnecken aus? Beobachtet sie! Welche Farben haben sie? Malt verschiedene Tiere auf!*

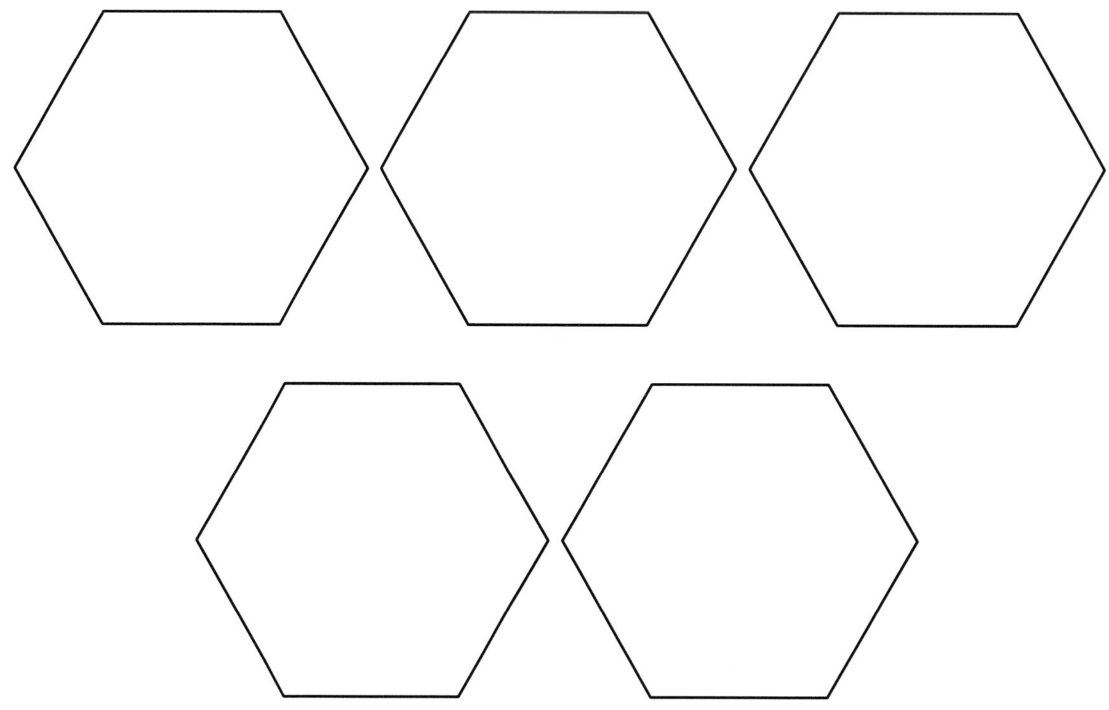

PA

Aufgabe 9: *Wie fühlen sich die Schnecken an? Was spürt ihr, wenn sie auf eurer Hand sitzen?*

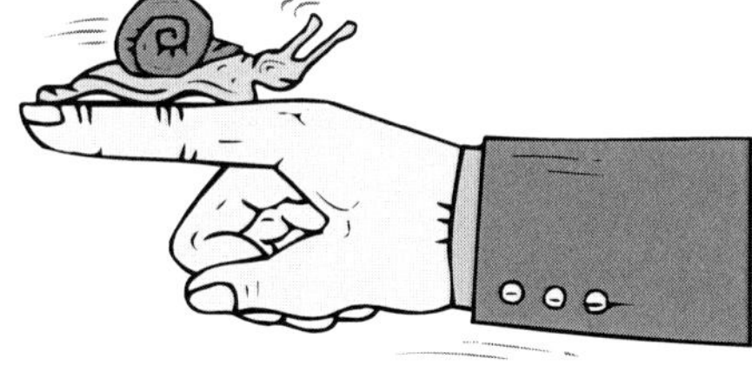

PA

Aufgabe 10: *Beobachtet die Fortbewegung der Schnecken! Dazu braucht ihr 2 Blätter Löschpapier. Eines feuchtet ihr an, das andere bleibt trocken. Nehmt nun 4 Schnecken aus eurem Terrarium und setzt sie zu zweit auf jedes Blatt. Was könnt ihr beobachten?*

Lernwerkstatt SCHNECKEN
Was kriecht denn da? – Bestell-Nr. 11 515

III. Die Körperteile der Gehäuseschnecke

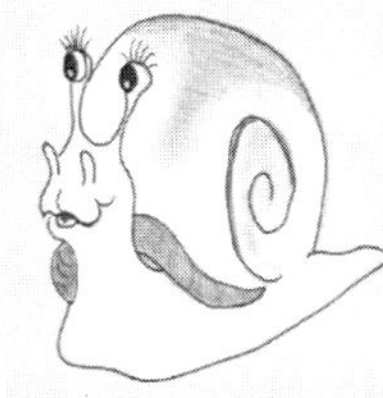

Die Schnecke hat einen weichen, schleimigen Körper und ein hartes Gehäuse. Der Körper ist unten zu einer Kriechsohle entwickelt und wird daher auch Fuß genannt. Zwischen Körper und Schneckenhaus liegt der Mantelwulst. Dort hat die Schnecke ihren Hausbau beendet. Vor dem Mantelwulst liegt das Atemloch, weiter vorne die Geschlechtsöffnung. Am Kopf hat die Schnecke 4 Fühler. Auf den beiden langen Fühlern sitzen die Augen. Damit kann sie hell und dunkel unterscheiden. Mit den beiden kleineren Fühlern kann sie tasten und riechen.

Aufgabe 1: *Beschrifte die Schnecke mit den folgenden Begriffen.*

Gehäuse – Mantelwulst – Fuß mit Kriechsohle – Augen – Atemloch – Geschlechtsöffnung – Tastfühler – Augenfühler

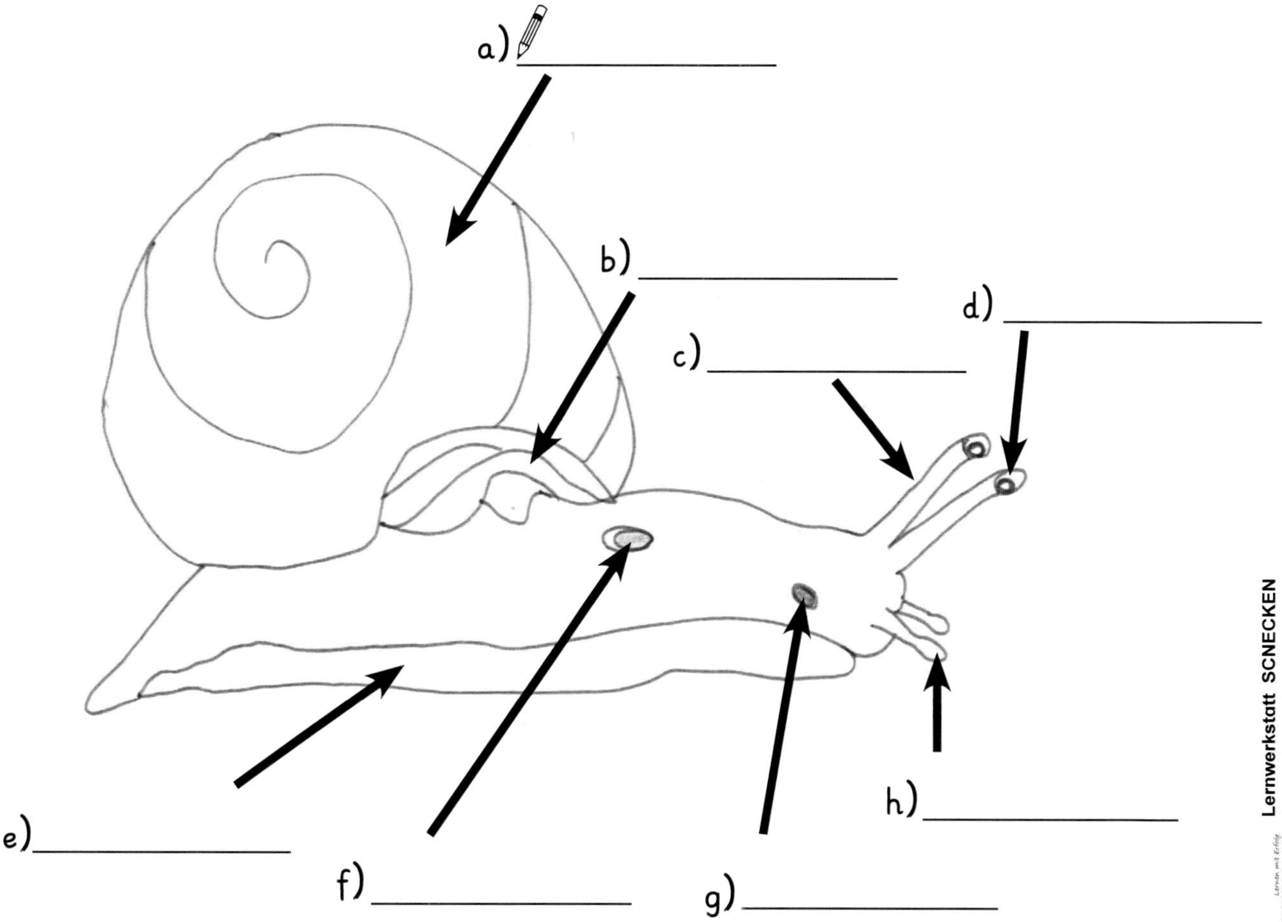

a) ______________

b) ______________

c) ______________

d) ______________

e) ______________

f) ______________

g) ______________

h) ______________

KOHL VERLAG Lernwerkstatt SCHNECKEN Was kriecht denn da? – Bestell-Nr. 11 515

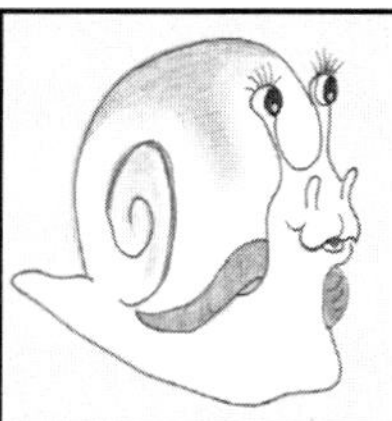

IV. Das Schneckenhaus

Das Schneckenhaus ist aus Kalk gebaut und recht hart – so wie unsere Knochen. Es besteht aus drei Schichten. Die Schnecke braucht ihr Haus als Schutz vor dem Austrocknen, vor Feinden und gegen Kälte. Schnecken tragen ihr Haus gleich auf dem Rücken. Nach der Geburt der Babyschnecken ist es so klein, dass man es kaum sehen kann. Wenn die Schnecke älter wird, wird auch das Haus größer. Die Schnecke baut ungefähr drei Jahre lang daran. Wenn du ein Schneckenhaus genau anschaust, entdeckst du an den Rillen, dass immer wieder neu dazu gebaut wurde. Sobald das Haus fertig ist, wird der letzte Streifen etwas nach außen zu einer Lippe gebogen. Ist das Schneckenhaus ein wenig beschädigt, kann es die Schnecke wieder selbst reparieren.

Können Schnecken ihr Haus verlassen?

Nein, das können sie nicht! Gehäuseschnecken sind fest mit ihrem Haus verwachsen. Wenn wir leere Schneckenhäuser finden, so stammen sie von Schnecken, die gestorben sind. Da es viele Tiere gibt, die Schnecken fressen, findet man auch oft leere Häuser. Und auch, wenn die Schnecke eines natürlichen Todes stirbt, bleibt das leere Haus zurück.

EA

Aufgabe 1: *Kreuze richtig an (mehrere Antworten können richtig sein).*

a) Die Schnecke braucht das Haus zum Schutz vor …

☐ Regen ☐ Feinden ☐ Kälte ☐ Trockenheit

b) Das Schneckenhaus besteht aus …

☐ Erde ☐ Holz ☐ Kalk ☐ Steinen

c) Wenn die Schnecke größer wird, …

☐ wird das Haus zu klein.
☐ wächst das Haus mit.
☐ baut sie ein neues Haus.
☐ zieht die Schnecke um.

V. So bewegt sich die Schnecke

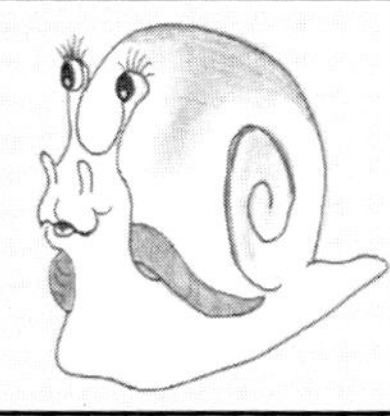

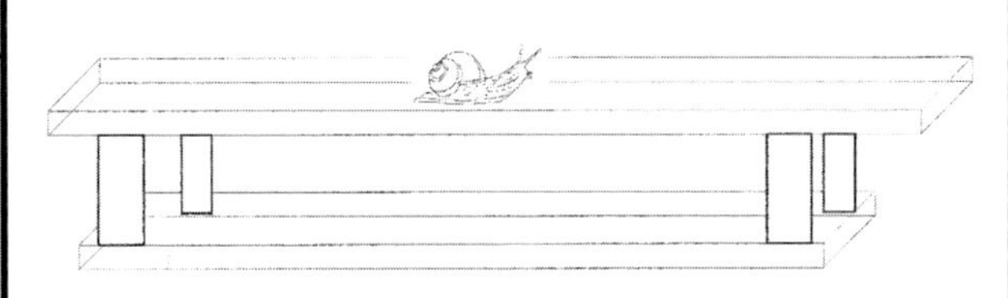

Versuch 1:

Wie kriechen Schnecken?

Um die Fortbewegung der Schnecke gut beobachten zu können, legen wir eine Glasplatte über einen Spiegel. Als Abstandhalter nehmen wir Bauklötze.

Wir haben eine Schnecke auf eine Glasplatte gesetzt und die Bewegung ihres Kriechfußes im Spiegel beobachtet.

Beobachtung

Von hinten nach vorn breiten sich kleine Wellen über den Fuß der Schnecke aus. Diese kleinen Wellen schieben die Schnecke nach vorne. Außerdem produziert die Schnecke beim Kriechen Schleim. Darauf gleitet sie. Durch diesen Schleim geschützt, kann sie sogar über spitze Dornen und scharfe Kanten

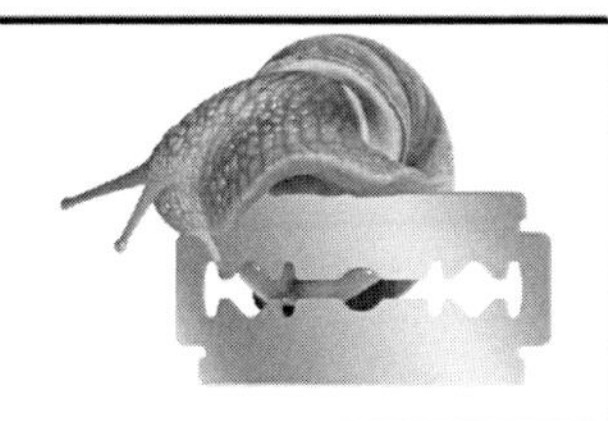

kriechen, ohne sich zu verletzen. Der Schleim ermöglicht der Schnecke auch das Kriechen auf glatten und steilen Flächen. Beim Kriechen hinterlassen die Schnecken eine Schleimspur. Auf nassem Boden kann sich die Schnecke am besten fortbewegen.

Versuch 2:

Das Schneckentempo – Wie schnell sind eure Schnecken?

Die Schnecken werden über einen bestimmten Zeitraum beobachtet (etwa 3 – 5 Minuten). Ihre Bewegungen werden mit einem Stift nachgezeichnet.
Dann wird die Strecke mit dem Lineal ausgemessen. Welche eurer Schnecken ist die Schnellste?

<u>Aufgabe 1</u>: *Erstelle zu beiden Versuchen jeweils ein Versuchsprotokoll (siehe Vorlage nächste Seite).*

Lernwerkstatt SCHNECKEN
Was kriecht denn da? – Bestell-Nr. 11 515
KOHL VERLAG

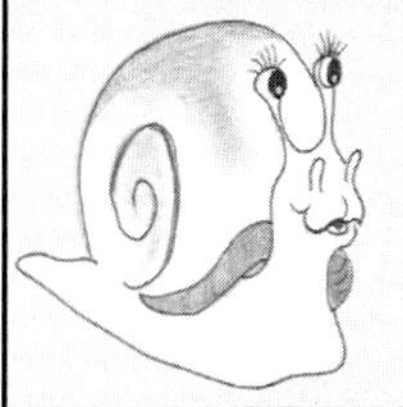

V. So bewegt sich die Schnecke

Versuchsprotokoll

Gruppe/Namen:

Das wollten wir herausfinden:

Das haben wir gebraucht:

Das haben wir beobachtet:

Das haben wir herausgefunden:

Zeichnung zum Versuch:

KOHL VERLAG Lernwerkstatt SCHNECKEN Was kriecht denn da? – Bestell-Nr. 11 515

V. So bewegt sich die Schnecke

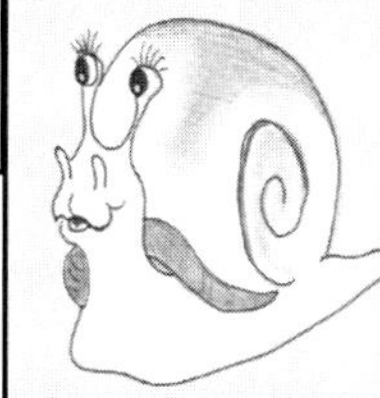

Schnecken-Mathematik

EA

Aufgabe 1: *Betrachte die Sprechblasen.*
Löse dann die unten gestellten Fragen.

Eine Schnecke braucht für 1 mm Weg etwa 1 Sekunde.

1 cm = 10 mm

1 Minute = 60 Sekunden

a) Wie lange braucht eine Schnecke für 1 cm?

b) Wie lange braucht sie für 6 cm?

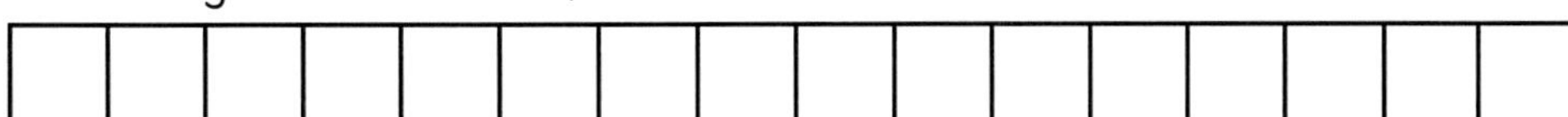

c) Wie lange braucht sie, um einen 60 cm langen Zweig hinaufzukriechen?

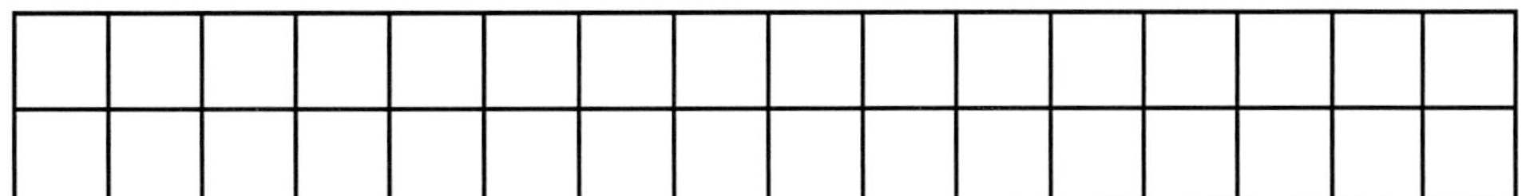

d) Wie lange dauert es, bis sie ein 18 cm langes Blatt überquert hat?

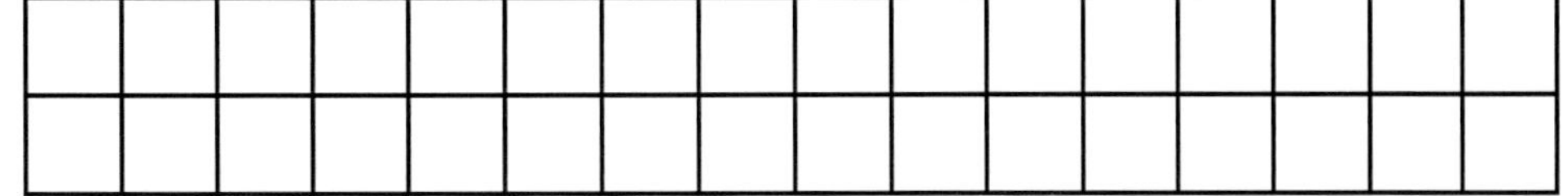

VI. Das fressen Schnecken

Was fressen Schnecken am liebsten?

Am liebsten fressen Schnecken Gräser und grüne Blätter. Die meisten Schnecken mögen am allerliebsten grünen Salat.

Versuch 1: *Serviert euren Schnecken verschiedene Nahrung: Apfel, Salat, Gurke, Löwenzahn. Was mögen sie am liebsten?*

____

Wie fressen Schnecken?

Durch die Riechzellen in den Fühlern und am Fuße kann die Schnecke Nahrung unterscheiden. Die Pflanzenteile werden mit dem Kiefer abgerissen und von der Radula (Zunge mit vielen Zähnchen) geraspelt. Die Zunge mit den Zähnchen nennt man Radula. Diese winzig kleinen Zähne wachsen ständig nach.

Versuch 2: Legt ein oder zwei Schnecken mit einem Stück Gurke oder Salat auf eine Glasplatte. Ihr könnt dann von oben oder unten beobachten, wie die Schnecken fressen. Beschreibt, wie sie ihr Futter aufnehmen.

____

____

Aufgabe 3: *Hier findest du Lieblingsspeisen der Schnecken. Kannst du sie richtig aufschreiben?*

a) KOPFSALAT ____________________

b) LÖWENZAHN ____________________

c) GRÜNE BLÄTTER ____________________

d) STEINPILZE ____________________

e) BLÜTEN ____________________

Lernwerkstatt SCHNECKEN
Was kriecht denn da? – Bestell-Nr. 11 515

VI. Das fressen Schnecken

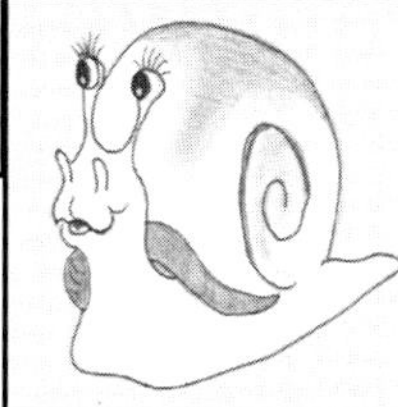

EA

Aufgabe 4: *Die kleine Schnecke möchte ganz schnell zum Salat. Sie hat großen Hunger. Male den schnellsten Weg ein! Alle Buchstaben, die dir am Weg begegnen, beschreiben das, was die kleine Schnecke hinter sich lässt.*

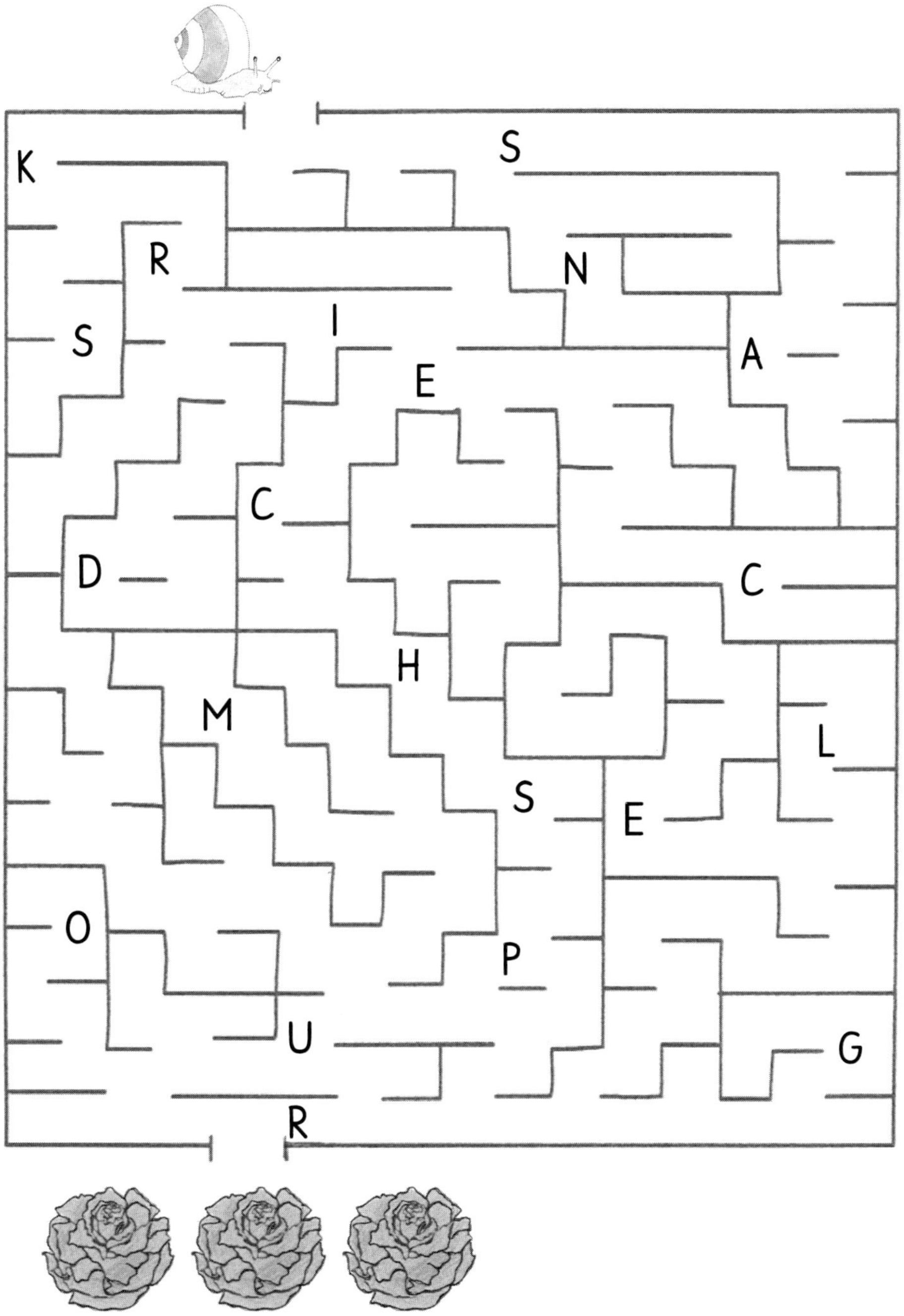

K S
R N
S I A
E
C
D C
H
M
L
S E
O
P
U G
R

Lösung:

1.	2.	3.	4.	5.	6.	7.	8.	9.	10.

VII. So vermehren sich Schnecken

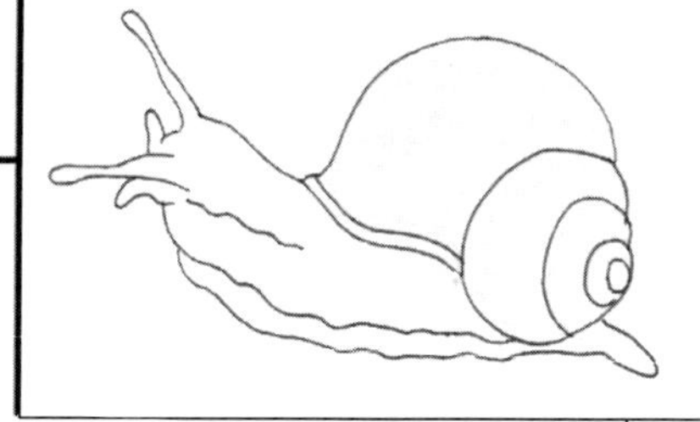

Mit ungefähr drei Jahren können Schnecken Nachwuchs bekommen. Man sagt, die Schnecken sind geschlechtsreif.

Schnecken sind Zwitter. Das heißt, sie sind männlich und weiblich zugleich. Trotzdem müssen sich zwei Schnecken paaren, um Nachwuchs zu bekommen. Das machen sie im Frühsommer.

Bei der so genannten Schneckenhochzeit schmiegen sie ihre Körper aneinander. Sie tauschen ihre Samenflüssigkeit aus. Nach der Paarung reifen die Eier in der Schnecke. Dann legt die Schnecke zirka 30–60 winzige Eier in eine kleine Erdgrube. Nach etwa drei bis vier Wochen schlüpfen die kleinen Schnecken und gehen sofort auf Nahrungssuche. Ihr Haus ist anfangs sehr dünn und zerbrechlich.

EA

Aufgabe 1:
- Schneide die Kärtchen unten aus.
- Klebe sie in der richtigen Reihenfolge auf ein Blatt.
- Male zu jedem Kärtchen ein passendes Bild.

Nun beginnen die kleinen Schnecken, Futter wie grüne Blätter, Gemüse, Kräuter und Obst zu fressen. Die Schneckenmütter kümmern sich nicht um ihre Kinder.

Im Juni ist bei den Schnecken Paarungszeit. Jede Schnecke ist gleichzeitig Männchen und Weibchen. Daher kann jede Schnecke Eier legen. Sie braucht dazu nur den Samen einer anderen Schnecke. Bei der Paarung übergeben sich die Schnecken ihren Samen gegenseitig.

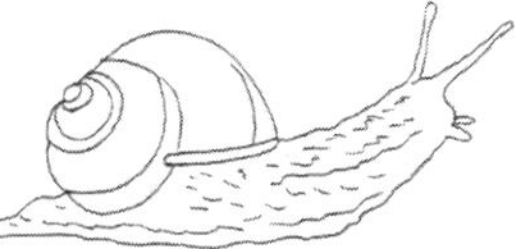

Die Eier bleiben etwa zwei bis drei Wochen in der Erde liegen. Dann schlüpfen die kleinen Schnecken aus den Eiern. Sie haben schon fertige Häuschen, die aber noch durchsichtig sind. Nach einigen Wochen trauen sie sich aus der Erdhöhle heraus.

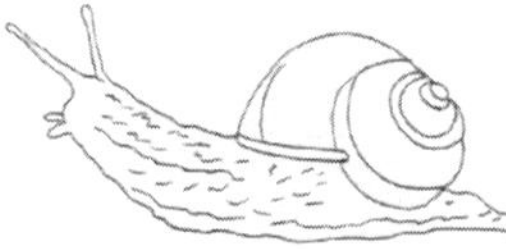

Einige Wochen später sind die Eier in der Schnecke reif. Nun gräbt die Schnecke ein Loch in die Erde. In das Loch legt sie die Eier und bedeckt sie mit Erde.

Lernwerkstatt SCHNECKEN
Was kriecht denn da? – Bestell-Nr. 11 515

VII. So vermehren sich Schnecken

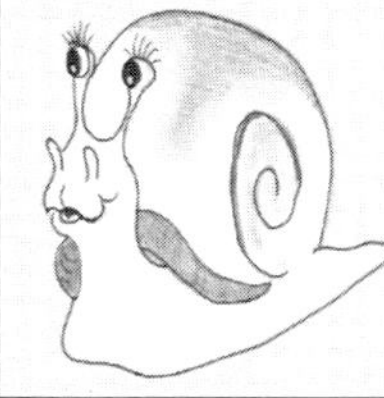

EA

Aufgabe 2: *Fülle die Lücken im Text mit den folgenden Wörtern!*

> drei – Nachwuchs – Zwitter – weibliche – Samenzellen – paaren – Kopf – Fußsohlen – Erdmulde – Eier – Wochen – Schnecken

Mit ungefähr ____________ Jahren sind Schnecken geschlechtsreif, d. h., sie können ________________ bekommen. Schnecken sind ______________________, sie besitzen männliche und

____

Geschlechtsorgane. Trotzdem müssen sie sich ______________________.

Die Geschlechtsöffnung befindet sich hinter dem ________________.

Bei der Paarung schmiegen sie sich mit den __________________________ eng

aneinander. Nach einiger Zeit tauschen sie __________________________ aus.

Nach vier bis sechs Wochen gräbt die Schnecke eine kleine _______________________ in den Boden und legt dort ihre _____________________ ab. Nach etwa vier weiteren ________________ schlüpfen die jungen __________________.

EA

Aufgabe 3: *Stell dir vor, du wärst eine frisch geborene Schnecke und erkundest mit deinen Geschwistern die Umgebung. Was erlebst du alles? Schreibe in dein Heft / in deinen Ordner.*

Lernwerkstatt SCHNECKEN
Was kriecht denn da? – Bestell-Nr. 11 515

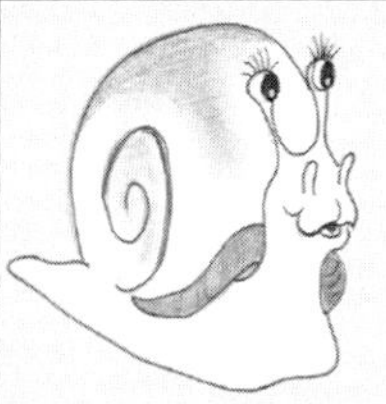

VIII. Alter und Feinde

Wie alt werden Schnecken?

Man mag es kaum glauben, aber die älteste bekannte Weinbergschnecke ist mehr als 30 Jahre alt geworden – allerdings lebte sie in einem Terrarium. In Feld, Wald und Wiese werden Weinbergschnecken etwa zehn Jahre. Wie so oft in der Natur leben kleine Arten nicht so lange. Die winzigen Zwergschnecken, die im feuchten Laub unserer Buchenwälder vorkommen, werden kaum älter als ein Jahr. Und selbst die große Spanische Wegschnecke, die in unseren Gärten ja mittlerweile heimisch ist, wird selten älter als zwei Jahre. Unsere Bänderschnecken können ein Alter von 5 Jahren erreichen.

Die Schnecke hat viele Feinde. Elstern, Drosseln, Füchse, Maulwürfe, Frösche, Kröten, Mäuse und Igel bedrohen das Leben der Schnecke. Aber auch der Mensch streut gerne Schneckengift im Garten, um das Anfressen seiner Gemüsepflanzen zu verhindern. Gärtner sind ziemlich sauer, wenn sich Schnecken bei ihnen breit gemacht haben. Manchmal streuen sie Sand oder Sägespäne um ihre Pflanzen. Aber Schnecken haben auch viele natürliche Feinde.

EA

Aufgabe 1: *Im Wortgitter befinden sich 12 Feinde der Wegschnecke. Finde und markiere sie. Schreibe sie rechts heraus.*

B	L	I	N	D	S	C	H	L	E	I	C	H	E
E	R	T	U	M	A	I	N	D	N	E	O	K	E
G	A	B	E	R	L	U	F	R	O	S	C	H	S
E	I	S	N	X	A	B	E	O	H	K	E	R	S
S	P	I	T	Z	M	A	U	S	M	U	A	N	T
L	O	B	E	G	A	N	E	S	N	E	M	H	A
P	E	R	T	A	N	D	R	E	T	O	S	N	R
S	A	H	N	T	D	A	S	L	V	O	E	Z	U
K	R	O	E	T	E	F	Y	I	G	E	L	I	M
A	S	Z	E	M	R	O	E	L	S	T	E	R	E
M	A	U	L	W	U	R	F	I	N	G	I	T	S

EA

Aufgabe 2: *Finde heraus, warum Sand oder Sägespäne die Schnecke von der Pflanze abhalten.*

VIII. Alter und Feinde

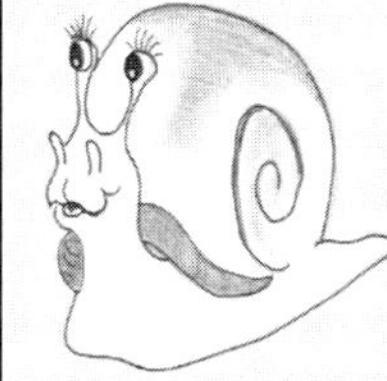

EA

Aufgabe 3: *Erzähle, was die Schnecke auf den Bildern macht.*

a) ______________________________

____

____

____

____

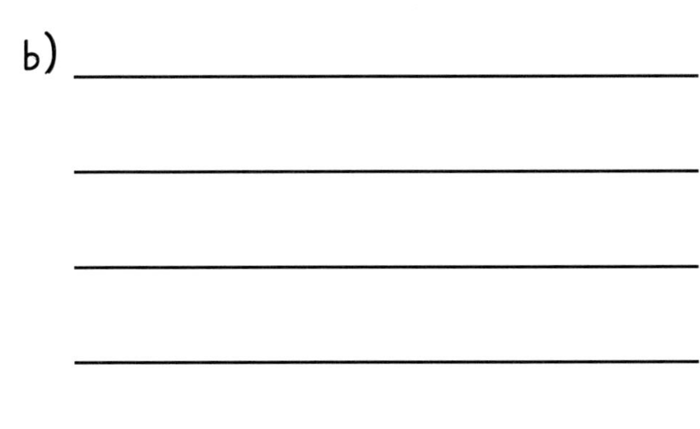

b) ______________________________

____

____

____

____

c) ______________________________

____

____

____

____

IX. Schnecken sind auch nützlich

Schnecken sorgen dafür, dass Blätter, Pilze, Holz und andere Stoffe wieder zu Erde werden. Man stelle sich nur einmal vor, wie es in einem Wald aussähe, wenn die Schnecken nicht laufend Falllaub und alte Pilze vernichten würden.

Auch in unserem Biomüll oder auf unserem Komposthaufen helfen sie mit anderen kleinen Tieren, aus unseren Abfällen wieder Erde zu machen. Schnecken sind auch eine wichtige Nahrung für ganz viele Tiere. So füttern unsere Vögel ihre Jungen mit Schnecken und Schneckenhäusern, damit diese genug Kalk für ihre Knochen bekommen. Vogelweibchen brauchen den Kalk für ihre Eierschalen. Aber nicht nur die Vögel brauchen Schnecken. Die Larven der Glühwürmchen ernähren sich nur von Schnecken.

Schnecken tragen auch zur Bestäubung und Samenverbreitung von Pflanzen bei. Leere Schneckenhäuser dienen anderen Tieren als Behausung. Besonders bekannt ist der Einsiedlerkrebs, der sich leere Schalen von Meeresschnecken sucht. Wildbienen nutzen Schneckenhäuser, um darin ihre Nester anzulegen.

EA

Aufgabe 1: *Nenne 5 Dinge, wozu Schnecken nützlich sind.*

- ____________________
- ____________________
- ____________________
- ____________________
- ____________________

EA

Aufgabe 2: *WelcheanderenfleißigenHelfermachenausunserenBioabfällen wieder Humus (nährstoffreiche Erde)?*

____

____

X. Verschiedene Schnecken

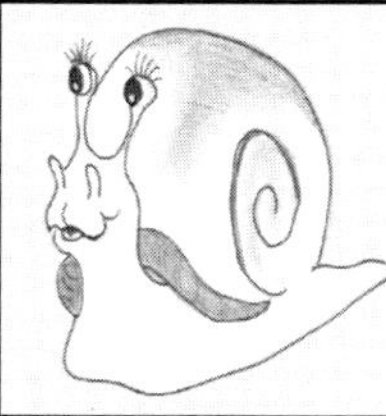

A Die Schnirkelschnecken

Die Weinbergschnecken und die Bänderschnecken gehören unter anderen zu den Schnirkelschnecken.

Die Bänderschnecken

Die Häuschen der Bänderschnecken gibt es in den unterschiedlichsten Farben (gelb, rosa, orange, braunweiß), mit einem dicken Band oder mehreren dünnen Bändern – oder auch gar keinem Band. Sie leben im Gebüsch, wo es schattig, feucht und kalkreich ist. Man findet sie oft in Gärten und Hecken.

Bänderschnecken werden etwa 2–3 cm groß. Sie leben 3–5 Jahre, wenn sie nicht gefressen oder durch Gift getötet werden. Wie alle Schnecken brauchen sie viel Feuchtigkeit. Sie können aber auch Trockenzeiten überleben. Dazu kleben sie sich mit ihrem Schleim an einem erhöhten Sitzplatz fest (z.B. an einem Baumstamm) und warten, bis es wieder regnet. Im Winter fallen Schnirkelschnecken in Kältestarre und überwintern in ihrem Haus.

Sie sind mit ungefähr 2 Jahren erwachsen, paaren sich und legen im Frühling oder Sommer 40–80 weißliche runde 2 mm große Eier in ein Erdloch. Nach knapp 3 Wochen schlüpfen die kleinen Jungschnecken, die bereits ein kleines Schneckenhaus haben. Die Jungschnecken kriechen aus dem Boden und suchen sich sofort selbst ihr Futter. Bei uns kommen vor allem zwei Arten von Bänderschnecken vor: Die Hainbänderschnecke und die Gartenbänderschnecke. Man kann sie aber leicht auseinanderhalten:

Die Gartenbänderschnecke hat einen weißen Gehäuseabschluss (Mantelwulst).

Gartenbänderschnecke

Hainbänderschnecke

Die Hainbänderschnecke hat einen dunklen Mantelwulst.

Die Gartenbänderschnecke wird auch einfach Gartenschnirkelschnecke genannt oder auch Weißmündige Bänderschnecke. Im Gegensatz dazu nennt man die Hainbänderschnecke auch Schwarzmündige Bänderschnecke.

Lernwerkstatt SCHNECKEN
Was kriecht denn da? – Bestell-Nr. 11 515

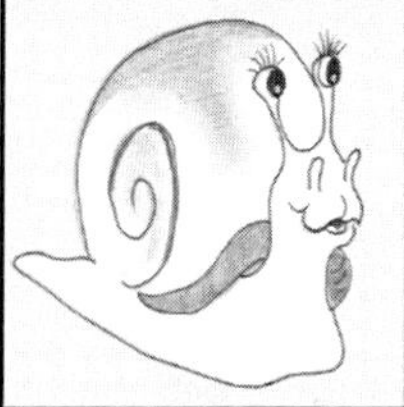

X. Verschiedene Schnecken

EA

Aufgabe 1: *Kreuze die richtigen Antworten an! Die Buchstaben hinter den richtigen „Ja"-Antworten bilden ein Lösungswort. Die Buchstaben hinter den richtigen „Nein"-Antworten bilden auch ein Lösungswort.*

1.	Schnirkelschnecken haben 4 Paar Fühler.	ja	E	nein	T
2.	Das Schneckenhaus besteht aus 3 Schichten.	ja	S	nein	R
3.	Schnecken sind Säugetiere.	ja	T	nein	E
4.	Im Winter verschließt die Schnecke ihr Haus mit einem Kalkdeckel.	ja	A	nein	N
5.	Schnirkelschnecken hinterlassen eine Schleimspur.	ja	L	nein	G
6.	Die Schnecken haben keine Knochen.	ja	A	nein	U
7.	Ihre Raspelzunge wird Radula genannt.	ja	T	nein	L
8.	Am liebsten fressen sie kleine Schnecken.	ja	O	nein	M
9.	Schnirkelschnecken sind unsere kleinsten Schnecken.	ja	F	nein	P
10.	Es gibt Schneckenmännchen und Schneckenweibchen.	ja	E	nein	O

Lösungswort der „Ja-Antworten" = ____________________

Lösungswort der „Nein-Antworten" = ____________________

EA

Aufgabe 2: a) *In dem Wort „Weinbergschnecke" kann man eine ganze Reihe einzelne Wörter entdecken. Welche?*

____

b) *Man kann sogar aus Teilen des Wortes „Weinbergschnecke" neue Begriffe zusammensetzen. Findest du Beispiele?*

____

X. Verschiedene Schnecken

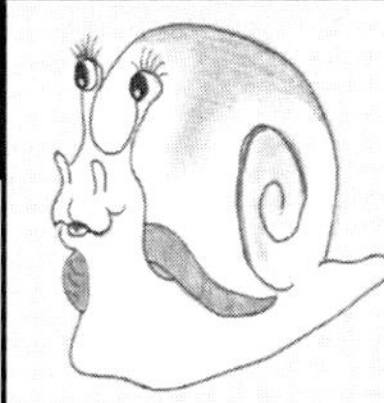

Die kleine Schnecke Sophie

EA

Aufgabe 3: *Vervollständige die folgende Geschichte, indem du die Fragen beantwortest.*

Die kleine Schnecke Sophie schlüpft aus ihrem Ei.
Sie schaut herum. Ganz schön dunkel hier!

a) Was entdeckt Sophie? Wo ist sie?

____

____

b) Was unternimmt sie nun?

____

____

c) Erzähle, wie Sophie zur erwachsenen Schnecke wird.

____

____

d) Male auf, wie Sophie und ihr Häuschen wachsen.

e) Wo lebt Sophie, wenn sie erwachsen ist? Erzähle. Male auf ein Extrablatt.

____

____

____

____

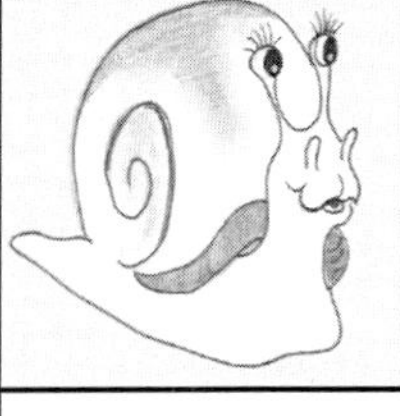

X. Verschiedene Schnecken

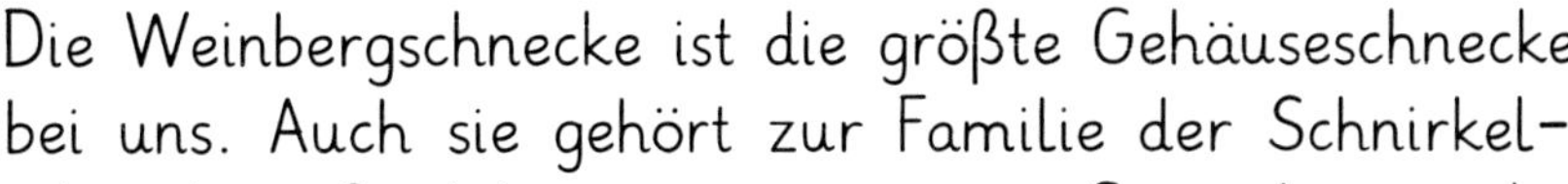

Die Weinbergschnecken

Die Weinbergschnecke ist die größte Gehäuseschnecke bei uns. Auch sie gehört zur Familie der Schnirkelschnecken. Sie lebt gerne in warmen Gegenden mit kalkreichen Böden. Kalk braucht sie, um ihr Haus zu bauen. Sie mag Laubwälder, Gärten, Berghänge und Hecken. Die Weinbergschnecke ist häufig auch am Tag aktiv, besonders bei Regen und bewölktem Himmel.

Sie hat ein braunes Gehäuse, das etwa 4 cm groß ist. Das Gehäuse dreht sich normalerweise rechts herum wie der Uhrzeiger. Ganz selten gibt es auch linksgewundene Weinbergschnecken. Man nennt sie „Schneckenkönig".

Weinbergschnecken werden mit 2 bis 3 Jahren fortpflanzungsfähig. Sie sind Zwitter (das heißt jedes Tier hat weibliche und männliche Geschlechtsorgane). Die Weinbergschnecke legt 30 bis 60 Eier. Sie sind weiß und so groß wie kleine Erbsen. Zur Eiablage gräbt die Schnecke mit ihrem Kopf ein Loch in weichen Erdboden. Dann legt sie die Eier in das Loch und verschließt die Höhle mit Erde. Eine dicke Weinbergschnecke im Garten ist oft 5–10 Jahre alt. Sie frisst grüne und verwelkte Blätter. Weinbergschnecken werden auch von Menschen gegessen.

EA

<u>Aufgabe 4</u>: *Zu welcher Familie gehören die Weinbergschnecken?*

____

EA

<u>Aufgabe 5</u>: *Warum brauchen Schnecken Kalk?*

____

____

____

EA

<u>Aufgabe 6</u>: *Wo legt die Weinbergschnecke ihre Eier ab? Berichte.*

____

____

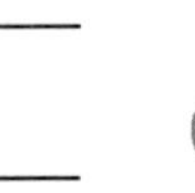

KOHL VERLAG Lernwerkstatt SCHNECKEN Was kriecht denn da? – Bestell-Nr. 11 515

X. Verschiedene Schnecken

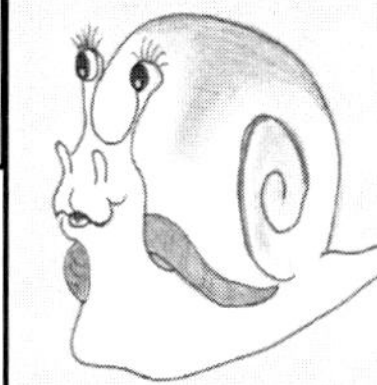

EA

Aufgabe 7: a) An welchen Tagen ist die Weinbergschnecke am liebsten unterwegs?

b) Welche Farbe hat ihr Haus?

c) Wie groß ist es? Miss mit deinem Lineal die Gehäuse ab. Male das passende Haus bunt an.

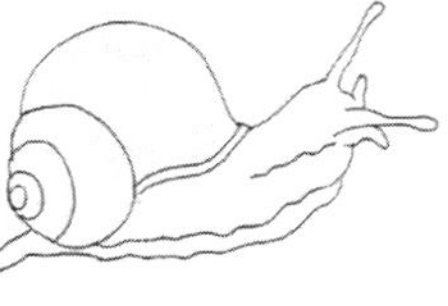

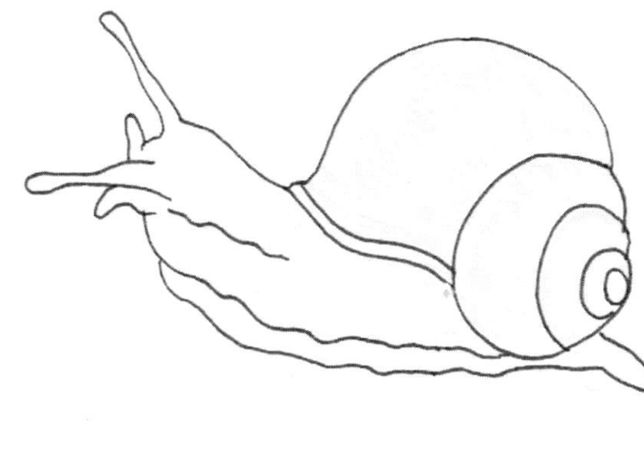

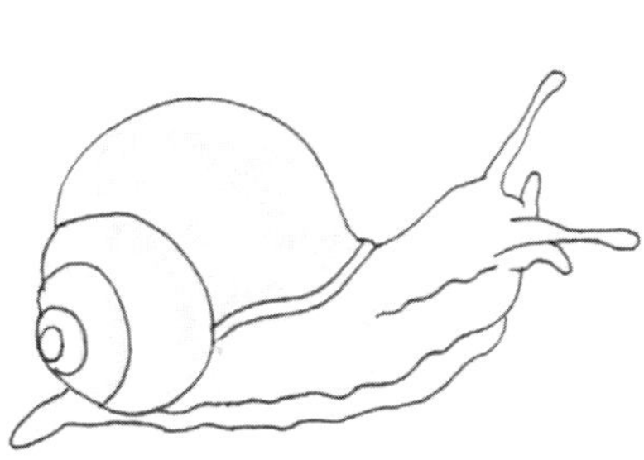

d) Erkläre, was ein Zwitter ist.

e) Wie sehen die Eier der Weinbergschnecke aus? Wie groß sind sie? Beschreibe und male.

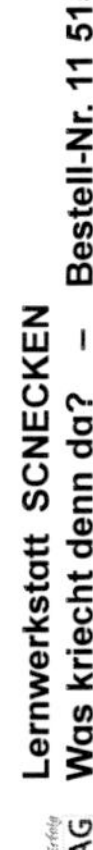

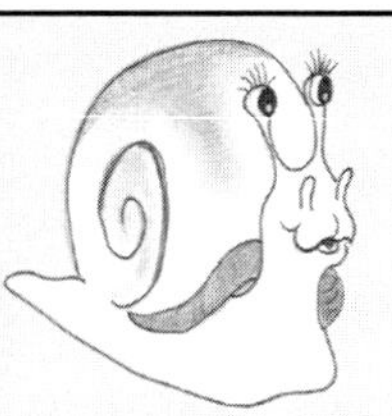

X. Verschiedene Schnecken

EA

Aufgabe 7: f) *Wie kümmern sich Schneckeneltern um ihre Kinder?*

____

____

g) *Wie kümmern sich andere Tiereltern um ihre Kinder? Forsche nach und schreibe in die Tabelle.*

Katze	
Ente	
Frosch	
Amsel	
Delfin	

h) *Was ist ein Schneckenkönig?*

____

i) *Male erst eine „normale" Weinbergschnecke und dann einen Schneckenkönig auf.*

X. Verschiedene Schnecken

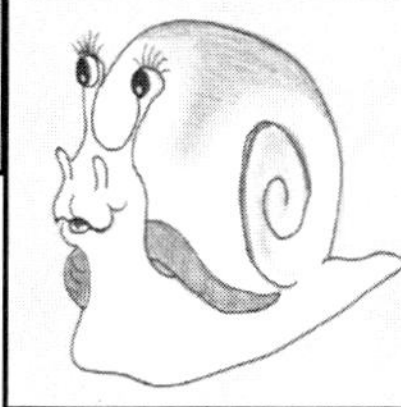

EA

Aufgabe 8: *Was stimmt hier nicht? – Wenn du die Buchstaben hinter den richtigen „Ja"-Antworten und dann hinter den richtigen „Nein"-Antworten liest, erhältst du ein Lösungswort.*

1.	Alle Schnecken haben ein Schneckenhaus.	ja	E	nein	H
2.	Die Weinbergschnecke ist ein Zwitter.	ja	L	nein	O
3.	Schnecken mögen es warm und trocken.	ja	P	nein	N
4.	Die Schneckenbabys sind fast durchsichtig.	ja	A	nein	I
5.	Die Weinbergschnecke ist unsere größte Gehäuseschnecke.	ja	N	nein	G
6.	Die Weinbergschnecke hat ein grünes Häuschen.	ja	D	nein	E
7.	Schneckenmütter kümmern sich gut um ihre Babys.	ja	E	nein	C
8.	Schnecken können ganz flott kriechen.	ja	R	nein	K
9.	Schnecken haben Knochen aus Kalk.	ja	A	nein	E
10.	Schnecken legen Eier.	ja	D	nein	N
11.	Schnecken mögen am liebsten frische, grüne Blätter.	ja	S	nein	U
12.	Weinbergschnecken kann man essen.	ja	C	nein	M

Lösungswort: ______________________

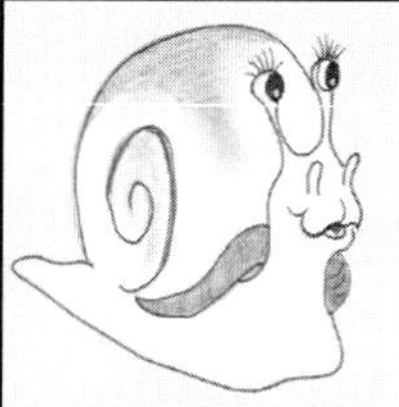

X. Verschiedene Schnecken

EA

Aufgabe 9: *Wie viele Schnecken-Pärchen findest du?*
Welche Schnecke ist alleine?

1 2 3 4

5 6 7

8 9 10 11

EA

Aufgabe 10: *Wer ist hier der Schneckenkönig?*

KOHL VERLAG Lernwerkstatt SCHNECKEN
Was kriecht denn da? – Bestell-Nr. 11 515

X. Verschiedene Schnecken

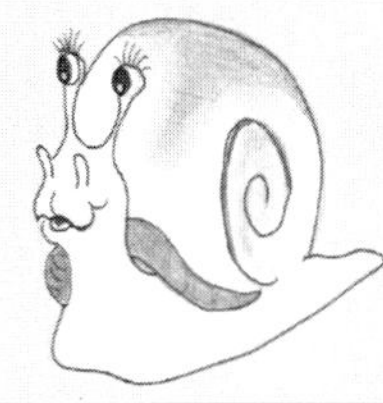

B Verschiedene Nacktschnecken

Nacktschnecken leben am Boden. Sie vergraben sich ein wenig und schützen sich so vor der Sonne. Ihre Körperfarbe passt sich dem Erdboden gut an, daher übersieht man sie leicht. Man findet sie auch unter oder sogar in Pflanzen. Leicht zu sehen sind sie, wenn sie auf den Blättern sitzen. Aber das ist meist nur dann, wenn sie gerade fressen.

EA

Aufgabe 11: *Lies die Texte und male die Schnecken passend an.*

Große Schwarze Wegschnecke

Die Schwarze Wegschnecke wird bis 13 cm lang werden und ist meistens tiefschwarz. Allerdings gibt es auch dunkelbraune oder graue. Sie lebt in feuchten Wäldern, Wiesen, Mooren und Gärten. Ihre Nahrung sind frische und welke Pflanzen, aber auch Aas.

Große Rote Wegschnecke

Sie zählt zu einer der schädlichsten Schnecken im Garten und auch zu den größten Nacktschnecken. Sie wird zwischen 10 bis 16 cm groß, kann aber bis zu 20 cm erreichen. Diese Schnecke kann in den Farben ziegelsteinrot, dunkelrot, braunschwarz, orangefarben und grau vorkommen. Sie lebt in Wiesen, Mooren, Hecken, Wälder und Gärten. Die Nahrung besteht aus frischen Pflanzen, gelegentlich jedoch auch aus Aas.

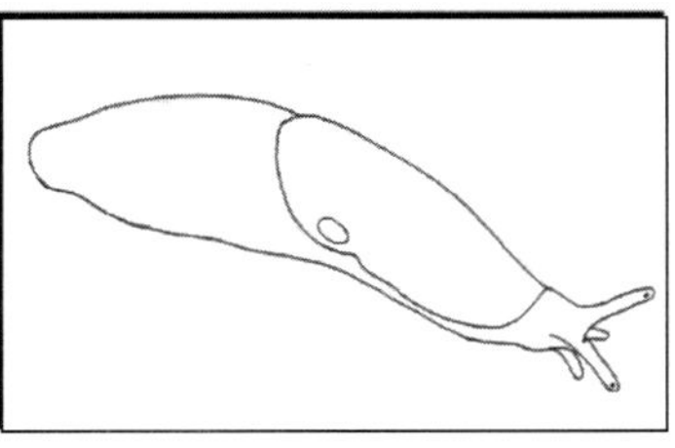

Spanische Wegschnecke

Sie ist eine der häufigsten Schneckenarten bei uns. Sie wird 7 bis 15 cm lang. Sie ist grau, bräunlich, rötlich bis hin zu orangegelb gefärbt und ähnelt der Roten Wegschnecke.
Meist lebt sie in Gärten oder Feldern. Ihre Nahrung besteht aus Pflanzen, Gemüse und Aas. Sie frisst auch ihre toten Artgenossen. Die Spanischen Wegschnecken stammen ursprünglich aus Südwesteuropa. Mittlerweile breitet sie sich aber auch in Mittel und Südosteuropa aus, nicht zur Freude der Gärtner!

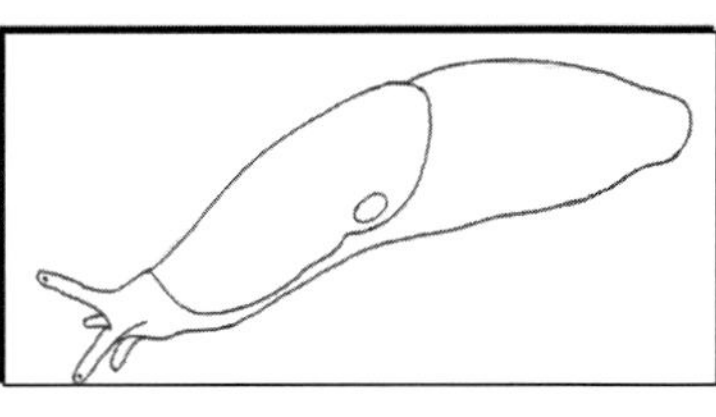

Lernwerkstatt SCHNECKEN Was kriecht denn da? – Bestell-Nr. 11 515
KOHL VERLAG

X. Verschiedene Schnecken

Große Egelschnecke oder Tigerschnegel

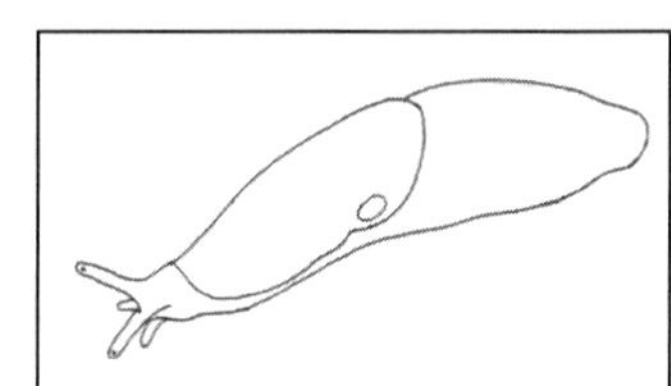

Die Tigerschnegel werden auch Große Schnegel genannt. Mit 10 bis 20 cm ist sie eine sehr große Nacktschnecke. Die Farbe ist schwach braun bis grau. Meist hat sie unregelmäßiges, dunkles Flecken- oder Streifenmuster. Tigerschlegel leben in Wäldern, Hecken, Gärten, Parks und manchmal auch in feuchten Kellern. Sie ernähren sich von Pilzen, welken und abgestorbenen Pflanzenteilen und auch von toten Artgenossen. Daher sind sie für den Garten nützlich.

Gelbe Egelschnecke oder Bierschnegel

Bierschnegel werden auch als Kellerschnecken bezeichnet. Sie werden 7-12 cm lang. Ihre Farbe ist gelb mit schwachen gräulichen Tüpfeln. Es gibt auch orangefarbige Bierschnegel. Der Lebensraum dieser Schnegel ist meist in Garagen, Kellerräumen, in Gewächshäusern, aber auch in Gärten.

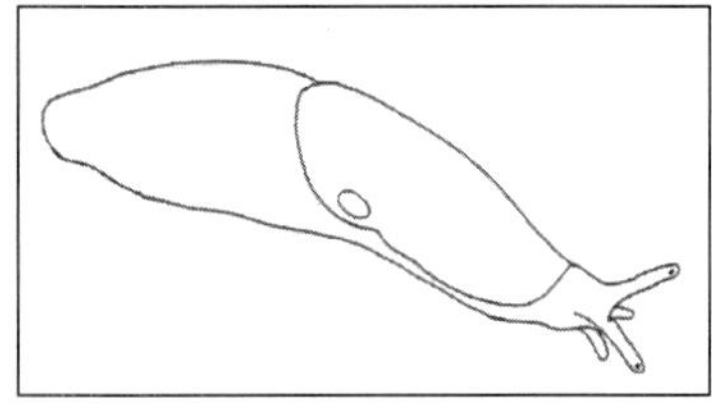

Aufgabe 12: *Wähle eine Schnecke aus und schreibe einen Steckbrief.*

Steckbrief

Mein Name: ______________________

So sehe ich aus: ______________________

____

So groß werde ich: ______________________

Hier lebe ich: ______________________

So lebe ich: ______________________

Das fresse ich: ______________________

Das sind meine Feinde: ______________________

X. Verschiedene Schnecken

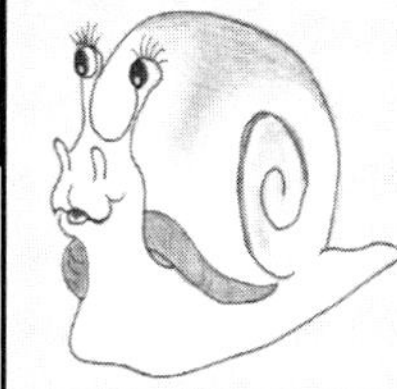

Nacktschnecken-Kreuzworträtsel

EA

Aufgabe 13: *Trage die passenden Lösungswörter in das Kreuzworträtsel ein. Die grau hinterlegten Buchstaben ergeben ein Lösungswort.*

1. Die Körperfarbe der Nacktschnecken passt sich dem … gut an.
2. Die Schwarze Wegschnecke ist meistens …
3. Eine der schädlichsten Schnecken im Garten ist die Rote …
4. Die Wegschnecken fressen überwiegend …
5. Die Spanische Wegschnecke kommt aus …
6. Die Große Egelschnecke nennt man auch …
7. Die Große Egelschnecke ist für den Garten eher …
8. Die Gelbe Egelschnecke heißt auch …
9. Die Gelbe Egelschnecke wohnt oft in …
10. Einige Nacktschnecken fressen auch …

6. 2. 3. 5. 1. 7. 10. 4. 8. 9.

Ä = Ä
Ü = Ü

Lösungswort: _ _ _ _ _ _ _ _ _

KOHL VERLAG Lernwerkstatt SCHNECKEN Was kriecht denn da? – Bestell-Nr. 11 515

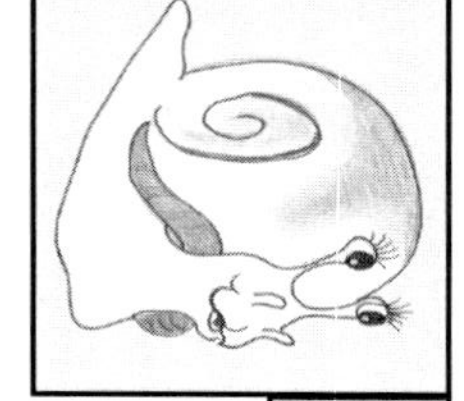

XI. Mein Schneckenbuch

MEIN SCHNECKENBUCH

3. Schneckenhäuser

Das Schneckenhaus schützt die Schnecke vor dem ________________, vor ________________ und vor ________________. Die Schnecke hat ihr Haus von ______________ an. Etwa _______ Jahre wächste die ____________ und ihr Haus. Dann sind die ausgewachsen.

Feinden, Geburt, Schnecke, Austrocknen, Kälte, 3

2. Der Körperbau der Schnecke

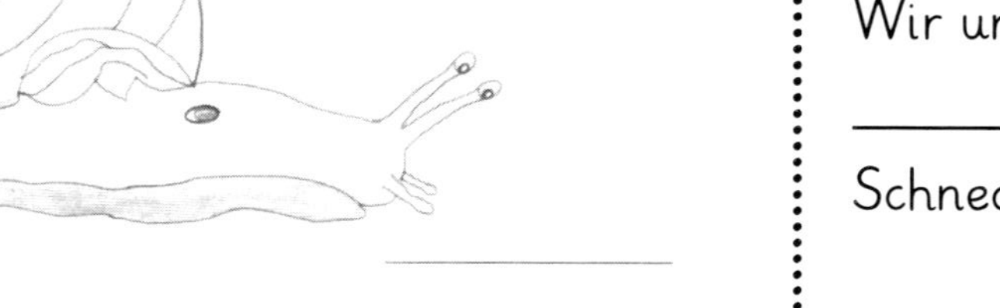

Gehäuse, Atemloch, Augenfühler, Kriechsohle, Tastfühler

1. Schnecken

Seit etwa _____ Millionen Jahren gibt es schon Schnecken. Es gibt _______ Tausend verschied-nen ______________.

Wir unterscheiden ____________schnecken und ____________schnecken.

Schnecken werden bis zu ______ Jahre alt.

Arten, 500, Gehäuse, 8, Nackt, viele

XI. Mein Schneckenbuch

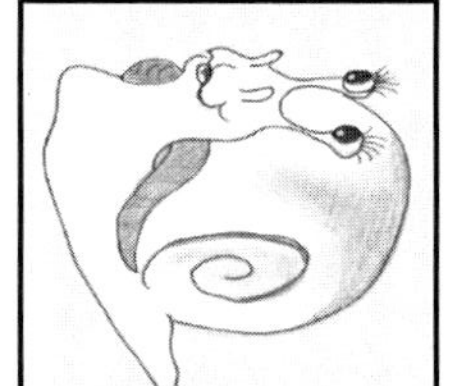

4. Die Sinne der Schnecken

Die ____________ Fühler sind zum Sehen da, sie können ____________ und Schatten unterscheiden. Mit den ____________ Fühlern kann die Schnecke ____________ und ____________. Riechen und Schmecken kann die Schnecke mit dem ganzen ____________.

kleinen, tasten, großen, riechen, Körper, Licht

5. Warum sind Schnecken schleimig?

Schnecken brauchen ihren Schleim zur ____________. So können sie auch an ____________ heraufklettern und unter die ____________ kriechen. Der Schleim schützt sie auch vor Verletzungen und vor dem ____________.

Blätter, Austrocknen, Fortbewegung, Zweigen

6. Wo leben unsere Schnecken

Schnecken mögen es ____________ und ____________. Oft sind die nachts unterwegs, denn dann kann die ____________ sie nicht austrocknen. Sie wohnen in ____________, Wiesen und ____________.

Büschen, schattig, Sonne, feucht, Gärten

7. Wie und was Schnecken fressen

Schnecken ____________ mit ihrer Zunge die Nahrung klein. Die Zunge nennt man ____________. Sie hat viele kleine Zähnchen. Schnecken mögen ____________, Salat, Möhren und ____________.

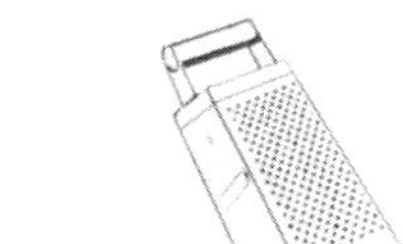

Radula, Löwenzahn, Obst, raspeln

XI. Mein Schneckenbuch

8. Schneckenhochzeit

Schnecken sind Zwitter. Das heißt: Sie haben ______________ und ______________ Geschlechtsteile. Sie paaren sich von Mai bis ______________. Dabei umschlingen sich die Schnecken und tauschen ihre ______________________ aus.

Samenflüssigkeit, weibliche, August, männliche

9. Schneckenbabys

Einige Wochen nach der ______________ sind die Eier in der Schnecke reif. Sie gräbt ein __________ in die Erde und legt ihre Eier hinein. Nach etwa 2 Wochen ___________ die kleinen Schnecken. Ihr Haus ist noch __________.

Loch, Paarung, durchsichtig, schlüpfen

10. Schnecken haben viele Feinde

Elstern, __________, Füchse, Maulwürfe, Frösche, ______________, Mäuse und Igel fressen liebend gerne Schnecken. Aber auch der Mensch streut im Garten _____________ um das _________ seiner Gemüsepflanzen zu verhindern.

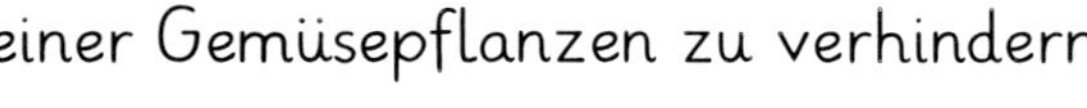

Schneckengift, Drosseln, Kröten, Anknabbern

11. Schnecken sind auch nützlich

Schnecken sind nicht nur eine wichtige _________ für andere ______________. Schnecken fressen auch Aas, vermoderte ______________ und angefaulte Pilze im _____________. So sorgen sie dafür, dass die __________ in Ordnung bleibt.

Tiere, Natur, Nahrung, Wald, Pflanzenteile

XII. Aufgaben zu den Schnecken

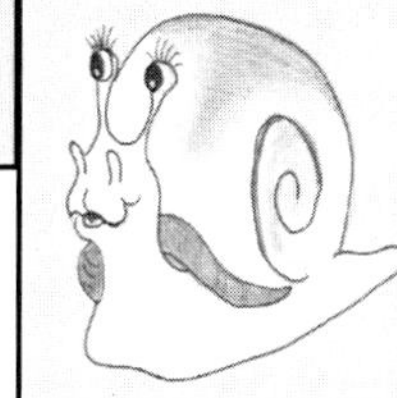

Schneckengedichte und Schneckenreimwörter

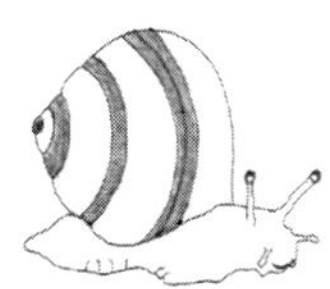

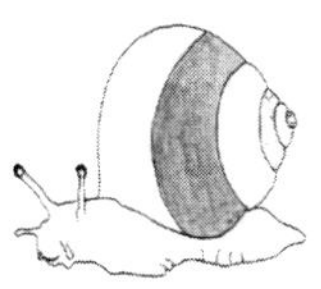

Sieben kecke Schnirkelschnecken

von Josef Guggenmos

Sieben kecke Schnirkelschnecken
saßen einst auf einem Stecken,
machten dort auf ihrem Sitze
kecke Schnirkelschneckenwitze.
Lachten alle so:
„Ho, ho, ho, ho, ho!"

Doch vor lauter Ho-ho-Lachen,
Schnirkelschneckenwitzemachen,
fielen sie von ihrem Stecken:
alle sieben Schnirkelschnecken.
Liegen alle da.
Ha, ha, ha, ha, ha!

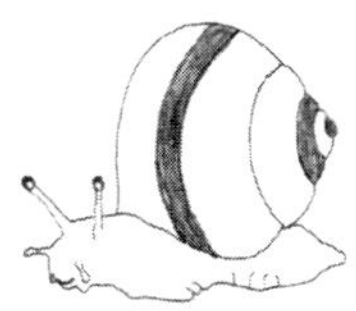

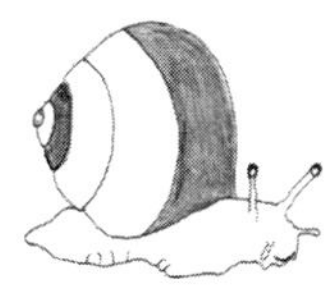

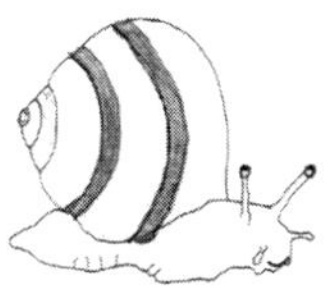

EA

Aufgabe 1:

- Zu Strophe 1: Male die 7 Schnirkelschnecken auf ihrem Zweig.
- Zu Strophe 2: Male sie dann, wie sie alle heruntergefallen sind.

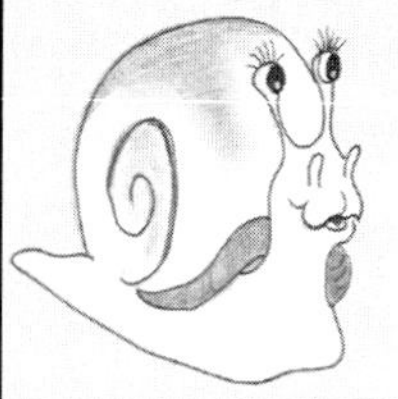

XII. Aufgaben zu den Schnecken

EA **Aufgabe 2:** *Kannst du reimen? Suche die Wörter mit „ck".*

a) Schnecke	b) Schnecken	c) Schnecken
E ________	w ________	be ________
H ________	ausl ________	D ________
D ________	schl ________	zud ________
Z ________	aush ________	n ________
	an ________	r ________
	erschr ________	l ________

EA **Aufgabe 3:** *Stimmt das denn? – Schreibe die falschen Sätze richtig auf. Reime dabei. Finde zu den richtigen Sätzen weitere Reime.*

a) Die Schni- die Schna- die Schnirkelschnecke biegt ganz flott um jede Ecke.

____

b) Die Wegschnecke, die große, schwarze hat am Kopf 'ne dicke Warze.

____

c) Die Hainbänderschnecke, man glaubt es kaum, sitzt mit ihren Kindern im Apfelbaum.

____

d) Die Rote Wegschnecke, sie fraß voll Appetit ein altes Aas.

____

e) Der Gelbe Egel, voll von Bier, lebt doch glatt im Keller hier.

____

f) Die Spanische Wegschnecke frisst mit Genuss den ganzen Salat – zu Gärtners Verdruss.

____

Lernwerkstatt SCHNECKEN
Was kriecht denn da? – Bestell-Nr. 11 515

XII. Aufgaben zu den Schnecken

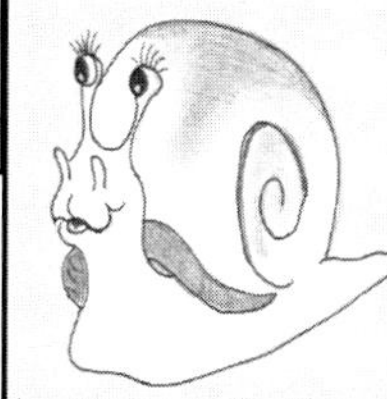

PA

Aufgabe 4: a) *Wer hat Recht, wer erzählt Quatsch? – Diskutiere mit deinem Tischnachbarn über Tims und Sarahs Aussagen. Schreibt J für „Ja" oder N für „Nein" in die Kästchen.*

1. Schnecken sind meistens nachts unterwegs. ☐
2. Schnecken haben kleine Knochen. ☐
3. Im Winter vergraben sich Schnecken im Laub oder in der Erde. ☐
4. Schnecken mögen warmes, sonniges Wetter. ☐
5. Schnecken paaren sich im Winter. ☐
6. Wenn es warm ist, kriechen Schnecken in ihr Haus. ☐
7. Schnecken halten Winterschlaf. ☐
8. Schnecken mögen feuchtes Wetter. ☐
9. Schnecken überwindern im Keller. ☐
10. Schneckenbabys schlüpfen nach 10 Wochen. ☐

b) *Wie viele Antworten sind richtig, wie viele sind falsch?*

____

c) *Wer weiß besser über Schnecken Bescheid, Tim oder Sara?*

____

Lernwerkstatt SCHNECKEN
Was kriecht denn da? – Bestell-Nr. 11 515
KOHL VERLAG

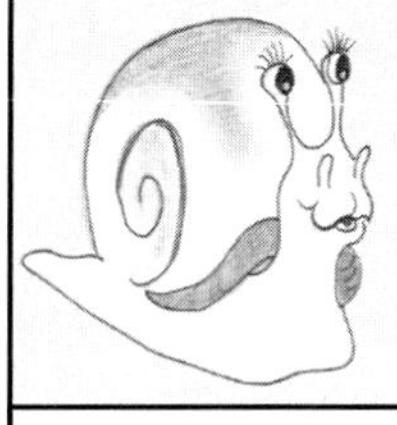

XII. Aufgaben zu den Schnecken

Schnecken-Quiz

EA

Aufgabe 5: *Kreuze die richtigen Antworten an.*

1. *Vielen Schnecken werden durch ein Schneckenhaus geschützt. Aber wie schützt sich die Nacktschnecke vor der Sonne?*

   a) ☐ Die Nacktschnecke kriecht in ein fremdes Schneckenhaus.
   b) ☐ Sie benutzt Sonnenschutzcreme.
   c) ☐ Sie buddelt sich tief in der Erde ein.
   d) ☐ Sie ist nur bei regnerischem Wetter oder nachts unterwegs.

2. *Viele Schnecken haben zwei Paar Fühler. Mit dem einen Paar riechen sie. Was machen sie mit dem anderen Fühlerpaar?*

   a) ☐ Sie können damit Gift verspritzen.
   b) ☐ Damit zerkleinern sie ihre Nahrung.
   c) ☐ Sie können damit sehen, darauf befinden sich ihre Augen.
   d) ☐ Das andere Fühlerpaar brauchen sie eigentlich gar nicht.

3. *Zu welcher Tierfamilie gehören Schnecken?*

   a) ☐ Schnecken sind Insekten.
   b) ☐ Schnecken sind Säugetiere.
   c) ☐ Schnecken gehören zu den Weichtieren.
   d) ☐ Schnecken sind Wirbeltiere.

4. *Was ist an den Weichtieren besonders?*

   a) ☐ Sie haben ein ganz weiches Fell.
   b) ☐ Sie haben keine Muskeln.
   c) ☐ Schnecken haben weiche, biegsame Knochen.
   d) ☐ Weichtiere haben keine Knochen.

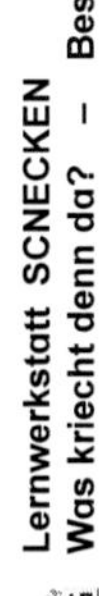

XII. Aufgaben zu den Schnecken

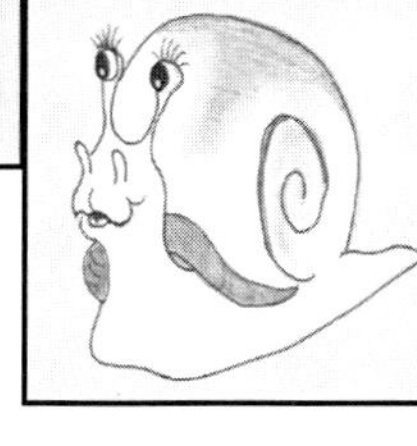

5. *So ein Schneckenhaus muss ja sehr stabil sein und einige Jahre halten. Woraus besteht es?*

a) ☐ Es besteht aus Zement.
b) ☐ Das Schneckenhaus besteht aus Sand und Steinen.
c) ☐ Es besteht aus Horn und Kalk.
d) ☐ Es ist aus Holz gebaut.

6. *Mit ihrer Raspelzunge zerkleinern die Schnecken ihre Nahrung. Was mögen sie am liebsten?*

a) ☐ Besonders gern mögen sie Mücken und Fliegen.
b) ☐ Sie fressen gerne Pizza oder Hamburger.
c) ☐ Am liebsten mögen sie Salat und grüne Blätter.
d) ☐ Sie fressen Brot mit Kakao.

7. *Wie schützt die Schnecke ihren Schneckenfuß, mit dem sie ja häufig auch über spitze Steine und scharfe Kanten kriecht?*

a) ☐ Die Schnecke frisst Kalk, damit der Fuß hart wird.
b) ☐ Sie zieht fest Schuhe an.
c) ☐ Sie kriecht um spitze Kanten und Steine herum.
d) ☐ Sie kriecht auf ihrer eigenen Schleimschicht.

8. *Schnecken dienen vielen Tieren als Nahrung. Welche Tiere fressen gern Schnecken?*

a) ☐ Vögel und Igel mögen sehr gerne Schnecken.
b) ☐ Besonders Löwen fressen gerne Schnecken.
c) ☐ Schnecken sind die Lieblingsspeise von Kühen.
d) ☐ Schnecken sind die Leibspeise von Ziegen.

9. *Was machen Schnecken im Winter, wenn es nicht so viel Grünzeug gibt?*

a) ☐ Die Schnecken wandern in warme Länder.
b) ☐ Sie suchen sich einen sicheren Platz und fallen in die Winterstarre.
c) ☐ Schnecken halten einen langen Winterschlaf.
d) ☐ Die Schnecken leben bei den Menschen im warmen Haus.

KOHL VERLAG
Lernwerkstatt SCHNECKEN
Was kriecht denn da? – Bestell-Nr. 11 515

XIII. Das Schnecken-Spiel

Ein Spiel für 4 Kinder – einer bekommt die Karten mit Fragen, der andere erhält die Antwort-Karten. Nun stellt der erste die Fragen, der zweite muss die richtigen Antwort-Karten vorlegen. Wenn mehrere Paare spielen, gewinnen die Schnellsten!

- Schneide diese und die Spielkarten auf der nächsten Seite entlang der Außenlinie zunächst sorgfältig aus.
- Klebe beide Blätter dann exakt aufeinander.
- Zerschneide die Vorlage in die einzelnen Spielkarten – fertig!

Welches Wetter mögen die Schnecken am liebsten?	Warum sind Schnecken Weichtiere? Was haben sie nicht?	Was bedeutet Schnecken-tempo?	Sind Schnecken Allesfresser?
Wie nennt man die Zunge der Schnecke?	Gibt es Schnecken-männchen?	Wozu braucht die Schnecke Kalk?	Wie heißt der Körper-teil, mit dem die Schnecke kriecht?
Womit verschließt die Schnecke im Winter ihr Haus?	Wohin legt die Schnecke ihre Eier?	Wo sind die Augen der Schnecke?	Wie verbringt die Schnecke den Winter?

KOHL VERLAG Lernwerkstatt SCHNECKEN Was kriecht denn da? – Bestell-Nr. 11 515

XIII. Das Schnecken-Spiel

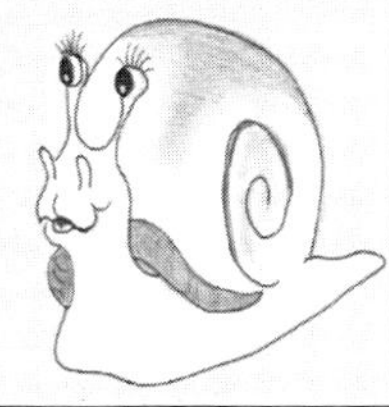

Die Antwortkarten können durch kleine Bilder anschaulich gestaltet werden!

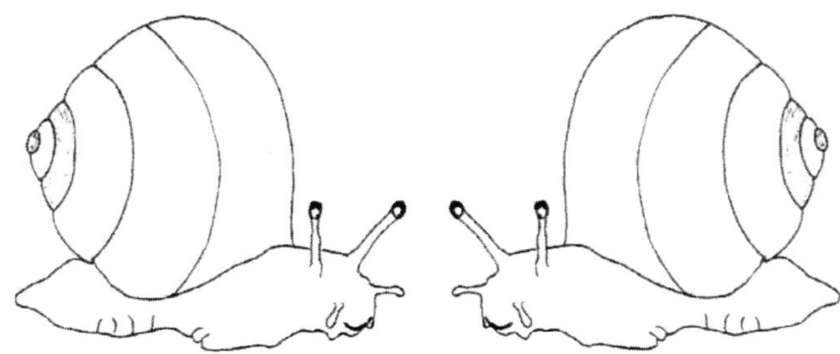

Nein, sie fressen Pflanzen und Aas.	Sehr langsam.	Sie haben keine Knochen.	Kühles und feuchtes Wetter.
Das ist der Fuß.	Um ihr Schneckenhaus zu bauen.	Nein, Schnecken sind Zwitter.	Sie wird Radula genannt.
In der Winterstarre.	Auf dem längeren Fühlerpaar.	In eine Erdmulde.	Mit einem Kalkdeckel.

KOHL VERLAG Lernen mit Erfolg
Lernwerkstatt SCHNECKEN
Was kriecht denn da? – Bestell-Nr. 11 515

XIV. Schneckengesellschaft aus Knetgummi

1. Als erstes solltet ihr viele leere Schneckenhäuser sammeln und mit heißem Wasser und Spülmittel säubern. Gut trocknen lassen!

2. Dann stellt ihr euer eigenes Knetgummi her.
   <u>Dafür braucht ihr</u>:

   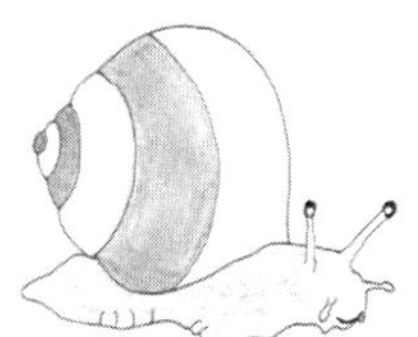

   - 400 g Weizenmehl
   - 200 g Salz (kein Jodsalz!)
   - 2 EL Esslöffel Alaunpulver (Apotheke)
   - 1/2 l kochendes Wasser
   - 2 EL Öl

   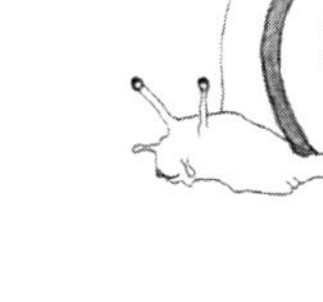

   <u>Weiter</u>:

   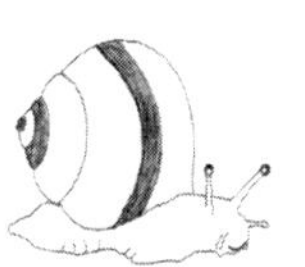

   - 1 Schüssel
   - 1 Handrührgerät oder Holzlöffel
   - Alleskleber

   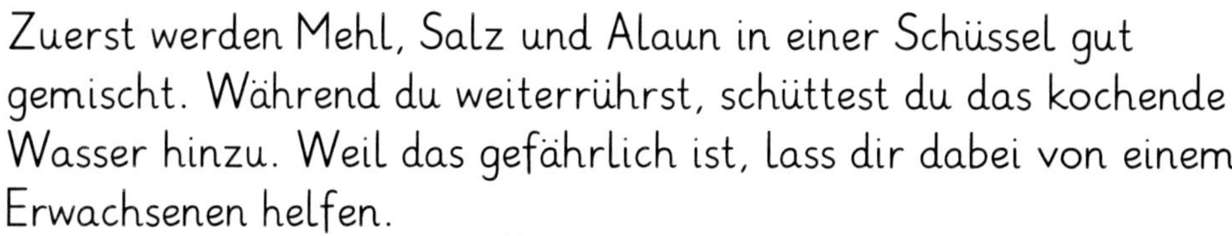

   Zuerst werden Mehl, Salz und Alaun in einer Schüssel gut gemischt. Während du weiterrührst, schüttest du das kochende Wasser hinzu. Weil das gefährlich ist, lass dir dabei von einem Erwachsenen helfen.
   Als nächstes gibst du das Öl hinzu. Du musst nun so lange gründlich weiter rühren, bis die Masse weich und geschmeidig ist. Sollte die Knetmasse zu trocken sein, könnt ihr noch etwas Öl hinzugeben. Alles gut verrühren!

3. Als nächstes könnt ihr die Körper der Schnecken formen.
   Auf jede Schnecke klebt ihr ein hübsches Schneckenhaus.

4. Nun braucht ihr noch eine dicke Pappe oder Holzplatte als Untergrund. Trockene Blätter, Zapfen, kleine Zweige und eure Schnecken geben eine schöne Landschaft ab!

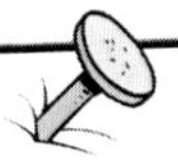

<u>Tipps</u>:

- Wenn ihr nicht genug Schneckenhäuser gefunden habt, kann man auch ein paar Nacktschnecken kneten!
- Die Knete kann gut mit Lebensmittelfarbe eingefärbt werden!
- Im Kühlschrank hält sich die Knete luftdicht verpackt ca. 1/2 Jahr.

Lernwerkstatt SCHNECKEN
Was kriecht denn da? – Bestell-Nr. 11 515

XV. Die Lösungen

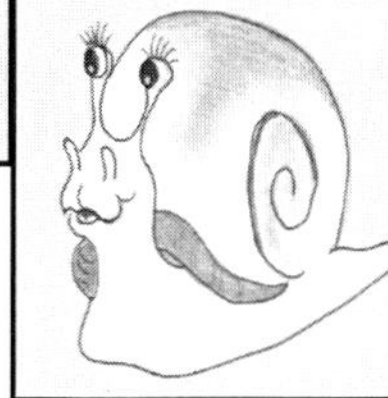

I. Allgemeines über Schnecken

1. individuelle Ergebnisse

II. Dort leben unsere Schnecken

1. a) Schnecken mögen kühles, regnerisches Wetter. Sie mögen keine Sonne. Daher sind sie meistens nachts unterwegs.
   b) Nacktschnecken verkriechen sich im Boden, Gehäuseschnecken suchen sich ein sicheres Plätzchen und verschließen ihr Haus mit einem Kalkdeckel.

2. Regenwetter – Re-gen-wet-ter
   Nacktschnecken – Nackt-schne-cken
   Gehäuseschnecke – Ge-häu-se-schne-cke
   Kalkdeckel – Kalk-de-ckel
   Winterstarre – Win-ter-star-re

3. Gartenschnecke, Wasserschnecke, Salatschnecke, Schnirkelschnecke, Weinbergschnecke
   Schneckenhaus, Schneckengang, Schneckentempo, Schneckengehäuse, Schneckenspur, Schneckenpost

4. Wiese, Gebüsch, Erdboden, Pflanzen, Feld

5. Wohnen, schlafen, leben, kriechen, fressen

6. Mögliche Lösung: Die Schnecke lebt im Gebüsch. Die Schnecke ernährt sich von Pflanzen …

8. individuelle Lösungen

9. individuelle Lösungen

10. Auf trockenem Untergrund kann sich die Schnecke schlechter fortbewegen, weil ihr Schleim sofort in das trockene Papier einzieht.

III. Die Körperteile der Gehäuseschnecke

1. a) Gehäuse; b) Mantelwulst; c) Augenfühler; d) Auge;
   e) Fuß mit Kriechsohle; f) Atemloch; g) Geschlechtsöffnung; h) Tastfühler

IV. Das Schneckenhaus

1. a) Richtig: Feinden, Kälte, Trockenheit
   b) Richtig: Kalk
   c) Richtig: … wächst das Haus mit.

V. So bewegt sich die Schnecke

1. a) 10 sec
   b) 60 sec = 1 min
   c) 10 min
   d) 3 min

Lernwerkstatt SCHNECKEN
Was kriecht denn da? – Bestell-Nr. 11 515

XV. Die Lösungen

VI. Das fressen Schnecken

1. a) Kopfsalat; b) Löwenzahn; c) Grüne Blätter; d) Steinpilze; e) Blüten

2. Lösung siehe rechts.

Lösungswort: KRIECHSPUR

VII. So vermehren sich Schnecken

1.
   - Im Juni ist bei den Schnecken Paarungszeit. Jede Schnecke ist gleichzeitig Männchen und Weibchen. Daher kann jede Schnecke Eier legen. Sie braucht dazu nur den Samen einer anderen Schnecke. Bei der Paarung übergeben sich die Schnecken ihren Samen gegenseitig.
   - Einige Wochen später sind die Eier in der Schnecke reif. Nun gräbt die Schnecke ein Loch in die Erde. In das Loch legt sie die Eier und bedeckt sie mit Erde.
   - Die Eier bleiben etwa zwei bis drei Wochen in der Erde liegen. Dann schlüpfen die kleinen Schnecken aus den Eiern. Sie haben schon fertige Häuschen, die aber noch durchsichtig sind. Nach einigen Wochen trauen sie sich aus der Erdhöhle heraus.
   - Nun beginnen die kleinen Schnecken, Futter wie grüne Blätter, Gemüse, Kräuter und Obst zu fressen. Die Schneckenmütter kümmern sich nicht um ihre Kinder.

2. In dieser Reihenfolge: drei, Nachwuchs, Zwitter, weibliche, paaren, Kopf, Fußsohlen, Samenzellen, Mulde, Eier, Wochen, Schnecken

3. individuelle Lösungen

VIII. Alter und Feinde

1.

B	L	I	N	D	S	C	H	L	E	I	C	H	E
E	R	T	U	M	A	I	N	D	N	E	O	K	E
G	A	B	E	R	L	U	F	R	O	S	C	H	S
E	I	S	N	X	A	B	E	O	H	K	E	R	S
S	P	I	T	Z	M	A	U	S	M	U	A	N	T
L	O	B	E	G	A	N	E	S	N	E	M	H	A
P	E	R	T	A	N	D	R	E	T	O	S	N	R
S	A	H	N	T	D	A	S	L	V	O	E	Z	U
K	R	O	E	T	E	F	Y	I	G	E	L	I	M
A	S	Z	E	M	R	O	E	L	S	T	E	R	E
M	A	U	L	W	U	R	F	I	N	G	I	T	S

KOHL VERLAG
Lernwerkstatt SCHNECKEN
Was kriecht denn da? – Bestell-Nr. 11 515

XV. Die Lösungen

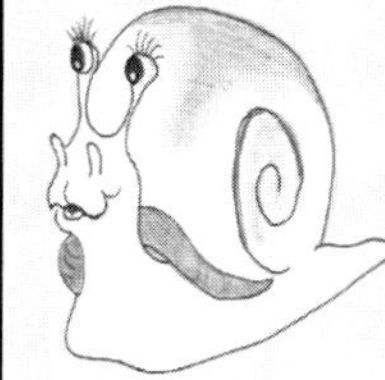

2. Auf Sand oder Sägespänen können Schnecken ganz schlecht kriechen. Ihr Schleim versickert sofort. So können die Schnecken die Pflanzen nicht erreichen.
3. individuelle Lösungen

IX. Schnecken sind auch nützlich

1.
   - Schnecken sorgen im Wald für Ordnung.
   - Schnecken machen aus Bioabfällen wieder Erde (Humus).
   - Schnecken sind Nahrung für viele Tiere.
   - Schnecken sorgen für die Bestäubung und Samenverteilung von Pflanzen.
   - In leeren Schneckenhäusern können andere Tiere wohnen.
2. Käfer, Regenwürmer, Asseln, Mikroben, Tausendfüßler, Maden, Ameisen

X. Verschiedene Schnecken

1. Richtig: 2., 4., 5., 6., 7. Falsch: 1., 3., 8., 9., 10.
   Die richtigen Ja-Antworten ergeben das Wort „Salat", die Nein-Antworten „Tempo".
2. a) Wein, Berg, Schnecke b) Geschenk, keine, Gebirge, necken …
3. individuelle Lösungen
4. Die Weinbergschnecken gehören zu den Schnirkelschnecken.
5. Schnecken brauchen Kalk, um ihr Haus zu bauen.
6. Zur Eiablage gräbt die Schnecke mit ihrem Kopf ein Loch in weichen Erdboden. Dann legt sie die Eier in das Loch und verschließt die Höhle mit Erde.
7. a) Die Weinbergschnecke ist gerne bei Regen und bewölktem Wetter unterwegs.
   b) Das Haus der Weinbergschnecke ist braun.
   c) Das Haus ist 4 cm groß.
   d) Ein Zwitter besitzt männliche und weibliche Geschlechtsorgane gleichzeitig.
   e) Die Eier der Weinbergschnecke sind weiß und haben die Größe von kleinen Erbsen.
   f) Schneckeneltern kümmern sich gar nicht um ihre Kinder.
   g)

Katze	Die Katze säugt ihre Babys einige Woche.
Ente	Die Ente zeigt ihren Kindern, wie man Futter findet und taucht.
Frosch	Die Frösche kümmern sich auch nicht um den Nachwuchs.
Amsel	Die Amseln füttern ihre Jungen einige Wochen im Nest.
Delfin	Delfine werden ebenfalls gesäugt und von der Mutter betreut.

   h) Ein Schneckenkönig hat ein Gehäuse, was gegen den Uhrzeigersinn (links herum) gedreht ist.
   i) Weinbergschnecke: Schneckenkönig:

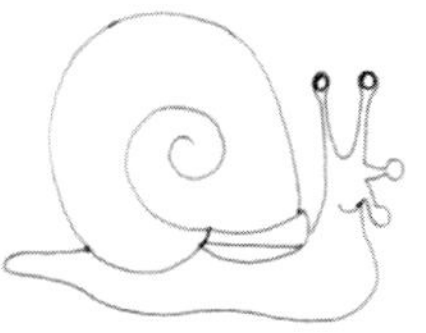

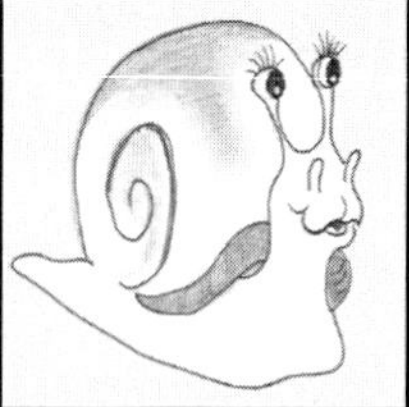

XV. Die Lösungen

8. Richtig: 2., 4., 5., 10., 11., 12. Falsch: 1., 3., 6., 7., 8., 9.
Das Lösungswort lautet: LANDSCHNECKE
9. Diese Schnecken gehören zusammen: 1 + 11, 2 + 9, 3 + 6, 4 + 8, 5 + 10,
Die Schnecke Nr. 7 hat keinen Partner.
10. Otto ist der Schneckenkönig.
12. individuelle Lösungen
13. Lösung siehe Kreuzworträtsel:

Lösungswort: KRIECHEN

			6.												
		2.	T	I	E	F	S	C	H	W	a	R	Z		
			I												
3.	W	E	G	S	C	H	N	E	C	K	E				
			E								5.				
	1.	E	R	D	B	O	D	E	N		S				
			S								P				7.
			C		10.		4.	P	F	L	a	N	Z	E	N
			H		a						N				Ü
			L		a						I				T
8.	B	I	E	R	S	C	H	L	E	G	E	L			Z
			G								N				L
			E												I
9.	K	E	L	L	E	R	R	ä	U	M	E	N			C
															H

XI. Mein Schneckenbuch

1. 500, viele, Arten, Nackt, Gehäuse
2. Bild zu Seite 9 vorne
3. Austrocknen, Kälte, Geburt, Feinden, 3, Schnecke
4. großen, Licht, kleinen, riechen, tasten, Körper
5. Fortbewegung, Zweigen, Blätter, Austrocknen
6. feucht, schattig, Sonne, Gärten, Büschen
7. raspeln, Radula, Löwenzahn, Obst
8. weibliche, männliche, August, Samenflüssigkeit
9. Paarung, Loch, schlüpfen, durchsichtig
10. Drosseln, Kröten, Schneckengift, Anknabbern
11. Nahrung, Tiere, Pflanzenteile, Wald, Natur

XII. Aufgaben zu den Schnecken

1. individuelle Lösungen
2. a) Ecke, Hecke, Decke, Zecke
b) wecken, auslecken, schlecken, aushecken, anecken, erschrecken
c) bedecken, Decken, zudecken, necken, recken, lecken
3. individuelle Lösungen
4. a) Richtig: 1, 3, 6, 8 Falsch: 2, 4, 5, 7, 9, 10
b) Richtig sind 4 Aussagen, 6 sind falsch.
c) Tim hat drei richtige Antworten, Sara nur eine.
5. Richtige Aussagen:
1. c), d); 2. c); 3. c); 4. d); 5. c); 6. c); 7. d); 8. a); 9. b)

Lernwerkstatt SCHNECKEN
Was kriecht denn da? – Bestell-Nr. 11 515